U0536574

写给孩子的国学启蒙经典故事

智临 编著

千字文
百家姓

中国书籍出版社
China Book Press

图书在版编目（CIP）数据

千字文、百家姓 / 智临编著 . — 北京：中国书籍出版社，2022.10

（写给孩子的国学启蒙经典故事）

ISBN 978-7-5068-9209-4

Ⅰ .①千… Ⅱ .①智… Ⅲ .①古汉语—启蒙读物 Ⅳ .① H194.1

中国版本图书馆 CIP 数据核字（2022）第 183395 号

千字文　百家姓

智临　编著

责任编辑：王志刚
责任印制：孙马飞　马　芝
责任校对：朱林栋
封面设计：书心瞬意
出版发行：中国书籍出版社
地　　址：北京市丰台区三路居路 97 号（邮编：100073）
电　　话：（010）52257143（总编室）　　（010）52257153（发行部）
电子邮箱：chinabp@vip.sina.con
经　　销：全国新华书店
印　　刷：唐山楠萍印务有限公司
开　　本：880 毫米 ×1230 毫米　　1/32
字　　数：450 千字
印　　张：30
版　　次：2022 年 10 月第 1 版　2022 年 12 月第 1 次印刷
书　　号：ISBN 978-7-5068-9209-4
定　　价：228.00 元（全 6 册）

版权所有　翻印必究

目录 CONTENTS

千字文

天地玄黄，宇宙洪荒。·············· 2
    盘古开天辟地 ·············· 3

云腾致雨，露结为霜。·············· 7
    隋侯之珠 ·············· 8

女慕贞洁，男效才良。·············· 11
    郭伋亭候 ·············· 12

墨悲丝染，诗赞羔羊。·············· 15
    墨子悲丝 ·············· 16

学优登仕，摄职从政。·············20
　　国君拜父 ·············21

外受傅训，入奉母仪。·············24
　　歧路亡羊 ·············25

仁慈隐恻，造次弗离。·············28
　　卫懿公玩物丧国 ·············29

都邑华夏，东西二京。·············33
　　左思以勤补拙 ·············34

肆筵设席，鼓瑟吹笙。·············37
　　滥竽充数 ·············38

磻溪伊尹，佐时阿衡。·············41
　　姜子牙钓文王 ·············42

昆池碣石，巨野洞庭。·············46
　　文种还粮 ·············47

耽读玩市，寓目囊箱。·············51
　　防微杜渐 ·············52

笺牒简要，顾答审详。·················· **55**
　　亡羊补牢 ·················· 56

布射僚丸，嵇琴阮啸。·················· **60**
　　蒙恬造笔 ·················· 61

百家姓

赵·················· **66**
　　穿胡服、学骑射的赵武灵王 ·················· 67

钱·················· **71**
　　钱乙救太子 ·················· 72

孙·················· **75**
　　孙膑智胜赛马 ·················· 76

李·················· **80**
　　李白戏国舅 ·················· 81

周·················· **84**
　　周瑜打黄盖 ·················· 85

吴 89
吴起治兵 90

郑 93
郑和化干戈为玉帛 94

王 98
王翦要田 99

陈 102
陈洪绶一笔不施 103

杨 107
聪明过头的杨修 108

蒋 111
蒋士铨对对联 112

朱 116
朱元璋假斩徐达 117

张 121
饺子的由来 123

苏 ··· **126**
　　苏秦刺股 ······································· 127

黄 ··· **131**
　　一生勤奋的黄宗羲 ························· 132

林 ··· **136**
　　林纾偷米敬师 ································ 137

刘 ··· **141**
　　刘裕大摆却月阵 ····························· 142

诸葛 ··· **146**
　　诸葛亮扶阿斗 ································ 147

QIAN ZI WEN

千字文

天地玄黄，宇宙洪荒。
日月盈昃，辰宿列张。
寒来暑往，秋收冬藏。
闰余成岁，律吕调阳。

译文

世界在刚形成的时候，天空是黑色的，大地是黄色的，天地万物都处在一种混沌的状态。太阳有升有落，月亮有缺有圆，星辰布满天空。一年有春夏秋冬四季，寒暑循环变换；秋季是收割的季节，冬季是储藏的季节。人们设置闰月、闰年，来调和农历与

地球公转的时间差；人们还用音律来确定一年当中的二十四节气。

盘古开天辟地

传说在很久以前，天地还没有分开，整个宇宙就像一个大鸡蛋，混沌一团。盘古就在这个"大鸡蛋"中酣睡了一万八千年。他醒来后，发现周围一团黑暗，想伸展一下筋骨，可是浑身被紧紧地包裹着；想呼吸一口新鲜空气，可是四周又黑又热。盘

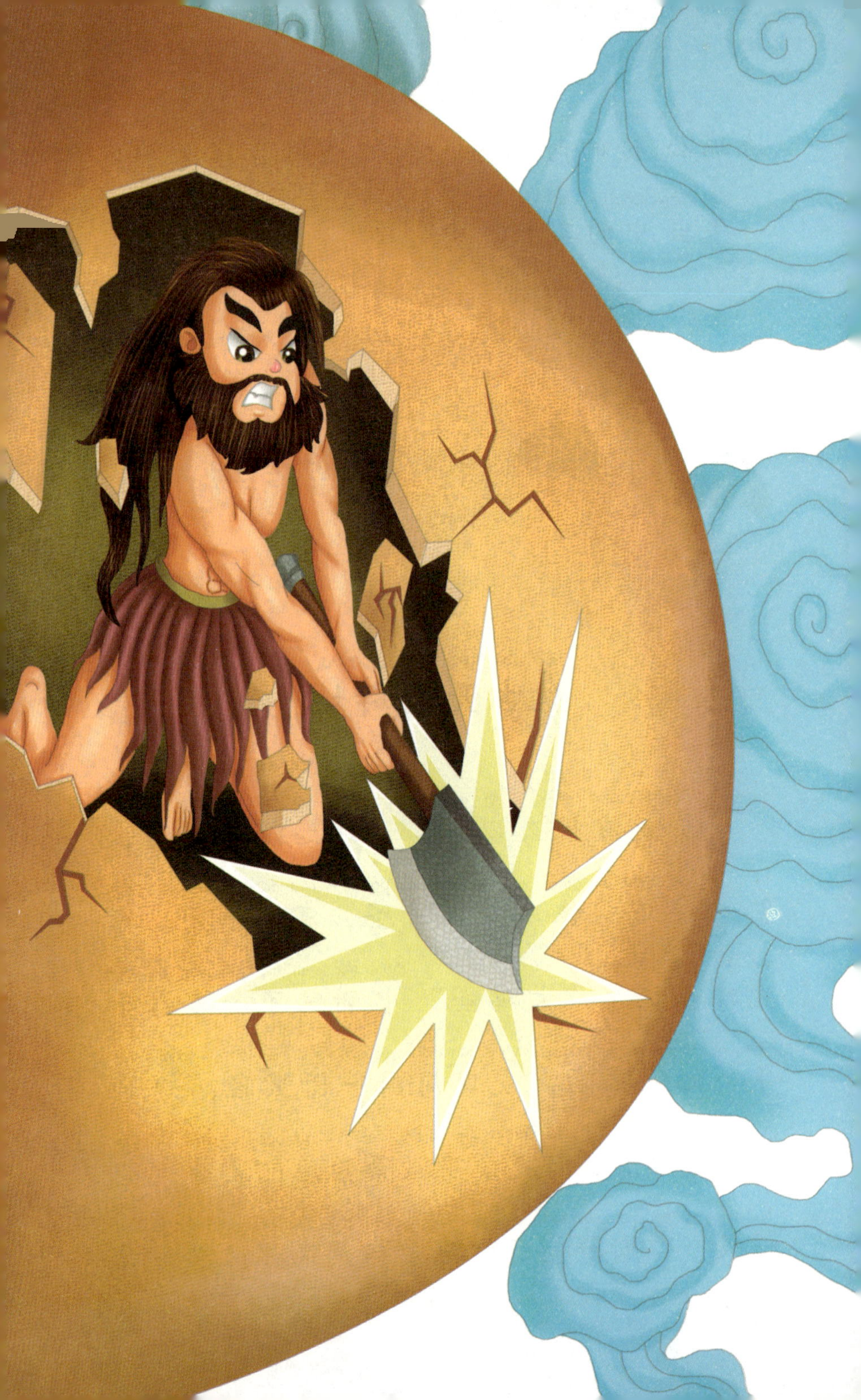

古火冒三丈，抡起手边的一把大斧头，用力向四面砍去。"嘭"的一声巨响之后，"大鸡蛋"骤然破裂，一股清新的气体散发开来，升到了高处，变成了天空；一些浑浊的东西缓缓下沉，变成了大地。

从此，混沌不分的世界一分为二，不再是漆黑一片了。

盘古害怕天地重新合拢，就用头顶着天，用脚踏住地。他继续施展法术，让自己每天增高一丈，这样天也升高一丈，地也增厚一丈。就这样，一直过了一万八千年，天终于高得不能再高了，地也厚得不能再厚了，可是这时的盘古已经耗尽全身力气，躺在地上死去了。

临死前，他嘴里呼出的气变成了春风和云雾；他的声音变成了天空的雷霆；他的左眼变成了太阳，照耀大地；右眼变成了月亮，给夜晚带来光亮；他那千万缕头发变成了颗颗星星，点缀美丽的夜空；鲜血变成了江河湖海，奔腾不息；肌肉变成了千里沃野，供万物生存；骨骼变成了树木花草，供人们欣赏；筋脉变成了道路；牙齿变成了石头和金属；汗水则变成了雨露。

盘古倒下时，他的头化作了东岳泰山；脚化作了西岳华山；左臂化作了南岳衡山；右臂化作了北岳恒山；腹部化作了中岳嵩山。

云腾致雨,露结为霜。
金生丽水,玉出昆冈。
剑号巨阙,珠称夜光。
果珍李柰,菜重芥姜。

译文

水蒸气向上升腾,随着温度的逐渐下降,就慢慢变成了雨水;到了晚上,气温降低,水蒸气就会凝结成霜。金子产自丽江,玉石产自昆仑山。最有名的宝剑叫"巨阙",最贵重的珍珠叫"夜光"。水果中最珍贵的是李子和沙果,蔬菜中最重要的是芥菜和生姜。

隋侯之珠

隋侯珠与和氏璧是我国珠宝玉石文化中最重要的代表作。关于隋侯珠的来历,还有一个传奇的故事。

春秋战国时期,有一天,隋侯例行出巡封地。一路游山玩水,突然隋侯发现山坡上有一条巨蛇,被困在沙滩上打滚,它的头部也受伤了,还流了很多血。由于伤势严重,巨蛇已经奄奄一息了。隋侯顿生怜悯之心,将它带回家中,为它包扎伤口并

精心照料。几天以后,巨蛇的伤口愈合,渐渐恢复了健康。隋侯便将它放生了。

一晃几个月过去了,隋侯出使齐国,半路遇到一个小孩。小孩拦住隋侯的马车,从口袋中取出一枚硕大晶亮的珍珠,要敬献给隋侯。隋侯觉得很奇怪,就问原因。小孩执意不肯说。于是，隋侯坚持不肯收下这枚珍珠。

又过了几个月，隋侯再次例行出巡封地。一天中午，他在山间一家驿站休息。睡梦中，他又遇见了那个小孩，小孩跪倒在隋侯面前，含泪说："我就是您救的那条蛇，为了感谢您的救命之恩，我要将这枚世上最珍贵的珍珠送给您。"隋侯猛然惊醒，果然发现床头多了一枚光彩夺目的珍珠。

据说隋侯得到宝珠的消息传出后，立即引起了各国诸侯的垂涎，经过一番较量，隋侯珠不久后落入了楚武王的手里。后来，楚国被秦国所灭，隋侯珠又被秦始皇占有。秦灭亡后，天下大乱，隋侯珠从此不知去向。

女慕贞洁，男效才良。
知过必改，得能莫忘。
罔谈彼短，靡恃己长。
信使可覆，器欲难量。

译文

女子要倾慕、崇尚有贞洁的人，男子要效仿那些德才兼备的人。认识到自己的过错，就一定要改正；适合自己干的事，就一定不要放弃。不要去谈论别人的短处，也不要依仗自己的长处就不思进取。要使自己的诚信经受住时间的考验，使自己的心胸气量大到难以被估量。

故事链接

郭伋亭候

汉代光武帝时期，有一个叫郭伋的人，他为官清廉，讲究诚信，受到百姓的拥戴和称颂。

郭伋在美稷做县衙的时候，有一次，他要出城办事，当车行到城门口时，很多孩子骑着竹马去送他，甚至到了城郊外都不想回去。领头的小孩问："郭爷爷，您具体什么时间会回来啊？我们还到这里来接您。"郭伋就将日期告诉了孩子们，说那时候他肯定就回来了。孩子们知道郭伋回来的时间后,便挥手与他告别了。

郭伋的事情很快就办完了,回城的时间比当初预计的时间提前了一天,郭伋就告诉随行人员暂不入城,在郊外住一晚,等第二天再回城。

于是,郭伋和随行人员就在一个山野小亭中过夜。那个时候正是深秋季节,白天跟晚上的气温相差很大,又是在山林之中,晚上霜寒露重,温度很低。郭伋一行人都冻得发抖,于是,他们就生了一堆火,用来取暖御寒。师爷显得有些疑惑,不解地问:"老爷,天气这么寒冷,我们还是回去吧。"郭伋郑重地告诫他说:"我给孩子们说过,明天才会回去,君子言出必行,一诺千金,怎么能够失信于人呢?"

第二天早上,太阳冉冉升起,在城郊,一群孩子早早骑着竹马在那里玩耍,小孩们伸长脖子向着远处眺望。不一会儿,郭伋与随从也来到了城郊,一大群孩子,一拥而上迎了上去。郭伋见孩子们也很守信,深感自己在郊外的一晚上没有白待,便高兴地和孩子们一同进城去了。

后来,郭伋守信于孩童,夜宿秋日山野小亭的事,传到了光武帝那里。光武帝十分赞赏他的德行,称赞他为"信之至矣",意思是说:郭伋的诚信已经达到了极点。

墨悲丝染,诗赞羔羊。
景行维贤,克念作圣。
德建名立,形端表正。
空谷传声,虚堂习听。

译文

墨子悲叹白色的丝绸被染上了颜色而不能复原,《诗经》赞扬羔羊始终保持洁白无瑕的毛色。一个人只有具备崇高的德行,才能成为贤人,只有克制住了私欲,才能成为圣人。当美好的德行建立起来以后,人的声望名气也会自然而然地树立起来;当人的行为举止端正了,仪表自然也会端正。

空旷的山谷中,声音会传播得很远;空荡的厅堂中,因为能听到反复的回声,所以说话声会显得非常清晰。

故事链接

墨子悲丝

春秋战国时期,有一个著名的思想家、政治家和军事家,他被人称为墨子,是墨家学派的创始人。

有一天,墨子到外面去游学,路过一家染坊。他看见雪白的生丝在各种颜色的

染坊

染缸里面浸泡以后,就会被染上不同的颜色。这些被染了色的生丝,即使使劲儿地漂白和清洗,都再也恢复不到原来的白色。见到此情此景,墨子感叹地说:"将白色的生丝放在青色中染就成青色,在黄色中染就成黄色。所放入的颜色变了,生丝的颜色也就变了。所以染丝不能不慎重啊。"

墨子进一步联想到了人的本性,难过得哭了起来。他悲伤地说:"人的本性原本就像这雪白的生丝一样洁白无瑕,可一旦受到了外界环境的不良影响变得不好以后,就像这被染了颜色的生丝一样,想要恢复原来纯洁善良的本性,就不可能了。"

由此可见,在一个人的成长过程中,外界环境对我们品德的影响是十分巨大的。所谓"近朱者赤、近墨者黑",说的就是这个道理。

学优登仕,摄职从政。
存以甘棠,去而益咏。
乐殊贵贱,礼别尊卑。
上和下睦,夫唱妇随。

译文

学习优秀的人应该去做官,参与国家的政事,为国家、为百姓贡献力量。一个人做了官,就应该像召公那样尽心尽力,留下美好的德行和政绩,这样即使他死后,依然会受到人们的怀念和歌颂。奏乐要根据人们身份的贵贱而有所不同,礼仪和礼节也要根据人们地位的高低而有所区别。长辈和晚辈

之间要和睦相处，夫妻之间要步调一致。

国君拜父

汉代开国皇帝刘邦，儿时性格豪爽，不太喜欢读书，可是他对人却很宽容。秦朝时，他曾担任小属吏泗水亭长，负责给朝廷押送徭役。后因秦王暴政，刘邦带领沛县农民起义，称"沛公"。公元前206年，刘邦被义军盟主项羽封为汉王，封地为汉中、巴蜀，后入关中称帝，定国号为"汉"。

刘邦对他的父亲非常尊重。作为一国之君,刘邦每天都会接受无数人的叩拜,但他每天都会去面见父亲,恭恭敬敬地叩拜父亲,给父亲叩头请安。

有一天,刘邦像以往一样到父亲的住所请安,父亲对刘邦说:"你已经是当朝的皇帝了,而我只不过还是以前的一个农民,是经受不起你的叩拜的,你还是回去吧,以后也不用再来叩拜我了。"然后回到屋子里不见刘邦了。

刘邦就在屋外长跪不起,说道:"我的身体是您和母亲给的,没有你们,又怎么会有我呢?更不用说我今天所拥有的权力和地位了。在那个战乱连年、食不果腹的年月里,您和哥哥姐姐都因为我是最小的,而特别地照顾我,把一切好的东西都留给我,教会了我做人的道理,这些我又怎么能够忘掉呢?如果因为我是皇帝就不能跪拜您,那我情愿不做这个皇帝了。"听到这些话,父亲才肯出来见刘邦。

> wài shòu fù xùn　rù fèng mǔ yí
> **外受傅训，入奉母仪。**
> zhū gū bó shū　yóu zǐ bǐ ér
> **诸姑伯叔，犹子比儿。**
> kǒng huái xiōng dì　tóng qì lián zhī
> **孔怀兄弟，同气连枝。**
> jiāo yǒu tóu fèn　qiē mó zhēn guī
> **交友投分，切磨箴规。**

译文

一个人在家庭之外，要接受老师的教导和训诲；在家庭之内，要遵从家庭的礼仪和规范。对待姑姑、伯伯、叔叔等长辈，要像他们的子女那样孝顺。要常常关心自己的兄弟，因为兄弟之间血脉相连，气息相同，就像一棵树的枝叶那样永远连接在一起。朋友之间应该意气相投，要能互相切磋，互

相劝勉和激励。

故事链接

歧路亡羊

战国时期,有个著名的思想家,名叫杨朱。他的学识渊博,思想深刻,天下皆知。许多年轻人都拜他做老师。

有一天,他的邻居跑失了一只羊,那家人全都出去寻找,找了半天也没有找到。那家主人觉得寻找的人还是太少,来跟杨朱商量,请他的童仆也帮帮忙,跟大家一起找。杨朱问道:"只是跑了一只羊,需要这么多人去寻找吗?"邻居叹了一口气说:"唉,你不知道,岔路实在太多了。"

于是,杨朱的童仆也跟着去了,到了天黑才回来。杨朱问邻居:"羊找到了吗?"邻居失落地说:"羊还是没有寻到。"杨朱不解地问:"这么多人去找一只羊,竟然还找不到?"邻居说:"岔路里有岔路,找过去还有岔路,我们不知道这只该死的羊是从哪条岔路跑掉的,怎么也找不到,只好回来了。"

杨朱听了,半晌没说一句话。他整天在思考这个问题,脸上也满是惆怅。

杨朱的学生觉得很奇怪,问杨朱道:"一只羊不值什么钱,再说也不是您自己的,您整天闷闷不乐,这到底是为什么呢?"

杨朱看了看学生,依旧默不作声。

另一个学者心都子知道杨朱的心思,对杨朱的学生说:"因为岔路太多,所以羊跑失才没有找回来。求学之路也是一样的,由于学习的方法很多,我们也会在学习中误入歧途。再往大了说,人生也是这样的,我们可选择的道路太多,一旦误入歧路,则会误了一生啊!所以你们要多听听老师、父母等长辈的教导。他们经历的事情比你们多,在你们不知如何选择时,可以给你们很好的建议。"

仁慈隐恻,造次弗离。
节义廉退,颠沛匪亏。
性静情逸,心动神疲。
守真志满,逐物意移。

译文

仁义、慈爱以及对人的同情、怜悯之心,即使在最危急的情况下也不能抛离。气节、正义、廉洁、谦让的美德,即使在最穷困潦倒的时候也不可丢弃。保持内心的清静淡泊,那么心情也就会安逸舒适;相反,如果内心浮躁不安,那么精神也会疲惫困倦。保持自己善良的本性,内心就会很充实;

而一心追逐物质享受，意志就会动摇，善良的本性也会被改变。

卫懿公玩物丧国

春秋时期，卫懿公爱好养鹤，如醉如痴，不理朝政。他下令，只要给他进献仙鹤的人都会有重赏。一时间，许多人投其所好，纷纷进献仙鹤。最后不论是园林还是宫廷，到处都有仙鹤在昂首阔步。

卫懿公给每一只鹤都封了官，养鹤训

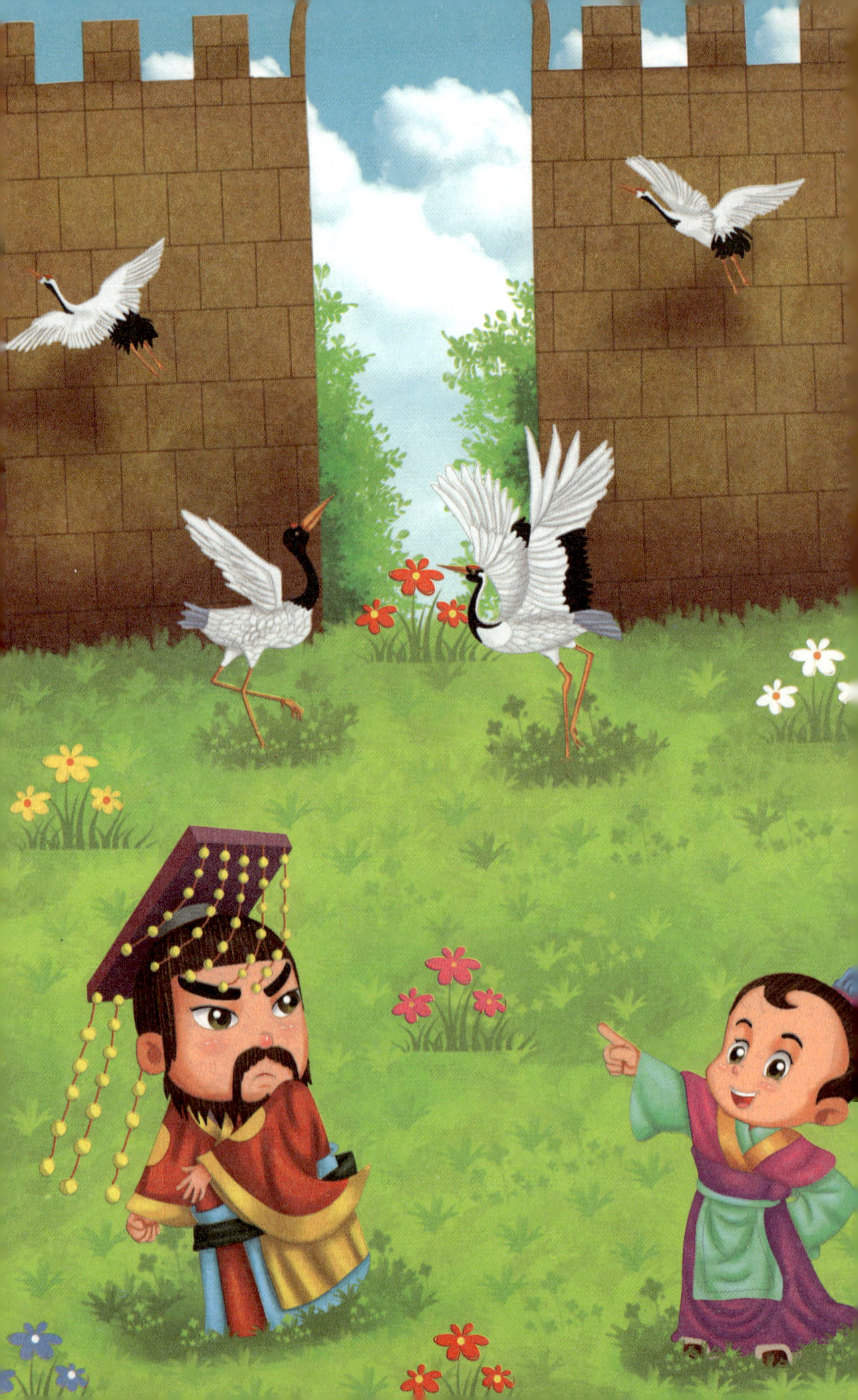

鹤的人也都加官进爵。每逢出游,他的鹤也跟随着,前呼后拥,有的鹤还乘坐豪华的马车。为了养鹤,朝廷每年要耗费大量的钱财。一旦入不敷出,朝廷便向老百姓加派粮款,这导致民众饥寒交迫,怨声载道。

有一年,胡人侵犯卫国,直逼首都。卫懿公正带着他的仙鹤出游,听到敌军压境的消息,急忙下令招兵抵抗。可是老百姓纷纷躲藏起来,不肯参军。

大臣们说:"君主,您启用一种东西,就足以抵抗胡人,哪里用得着我们呀!"

卫懿公问:"什么东西?"

众人齐声说:"鹤。"

卫懿公说:"鹤怎么能打仗御敌呢?"

众人说:"鹤既然不能打仗,没有什么用处,为什么君主还要给鹤封官,而不顾老百姓的死活呢?"

卫懿公悔恨交加,命令把鹤都赶散,这才有一些人聚集到招兵旗下。卫懿公亲自披挂,带领将士北上迎敌,发誓不战胜胡人,绝不回国都。

尽管卫懿公的决心十分坚定,可是一切都已经太晚了,卫国的军队遭到惨败,卫懿公也被杀害了。

都邑华夏,东西二京。
背邙面洛,浮渭据泾。
宫殿盘郁,楼观飞惊。
图写禽兽,画彩仙灵。

译文

古代的都城华美壮观,最古老的两座是东京洛阳和西京长安。洛阳北靠邙山,南临洛水;长安左跨渭河,右依泾水。两京的宫殿盘旋曲折,重重叠叠;楼台宫阙凌空欲飞,使人心惊胆战。宫殿里画有飞禽走兽、天仙神灵。

故事链接

左思以勤补拙

左思是西晋时期著名的文学家。他小的时候一点儿也不聪明，还显得一副痴痴呆呆的样子。他的父亲对他非常失望，有时竟当着众人的面责骂他笨。左思非常难过，于是下定决心，一定要刻苦学习。

后来，因为他的妹妹被选入宫中，全家迁居京城洛阳，他被任命为著书郎。从这时起，他开始计划写一篇关于三国时期的文章，题目为《三都赋》。三都指魏、蜀、吴三国的都城。为了写好《三都赋》，他每天都认真思索，苦心构思这篇文章的思想内容和艺术境界。他无论是在饭桌上吃饭，还是在庭院中散步，都准备着纸和笔，一想到什么好的句子，就赶快记下来。

大名鼎鼎的文学家陆机来到了洛阳，他也准备写《三都赋》，听说左思正在写，心里暗暗觉得好笑。他还给弟弟陆云写信说："洛阳有个凡夫俗子居然要写《三都赋》，我看他写成的东西只配给我用来盖酒坛子！"左思听了这话，不但没有泄气，反而更加激发了他写好《三都赋》的决心。经过十年的不懈努力，左思终于完成了旷世名篇《三都赋》。

这篇文章写得非常优美,是一篇难得的佳作。连以前讥笑左思的陆机听说后,也细细阅读了一番这篇文章,并点头说:"写得太好了,真想不到。"他断定若自己再写《三都赋》绝不会超过左思,便停笔不写了。《三都赋》很快就风靡了京城。人们竞相传抄。传抄的人太多了,以至于洛阳的纸张都突然变得供不应求,价格涨了许多。这件事情也成了当时的一大奇观。

后来,人们就用"洛阳纸贵"这个成语来比喻著作有价值,流传广。

肆筵设席，鼓瑟吹笙。
升阶纳陛，弁转疑星。
既集坟典，亦聚群英。
杜稿钟隶，漆书壁经。

译文

宫殿里摆着酒席，人们弹着琴、吹着笙，一片歌舞升平的景象。文武百官们登上宫廷的台阶，官帽簇拥，像满天的星星一样多。宫殿里收藏了很多的典籍名著，也汇集了成群的文武英才。这里既有杜度的草书手稿，也有钟繇的隶书真迹，还有古代的用漆写就的古简书和孔庙墙壁内发现的古文经书。

故事链接

滥竽充数

战国时期,齐国有一位非常喜欢听人吹竽的国君叫齐宣王。有一年,齐宣王下令要召集一个三百人的吹竽乐队。消息很快传播开来,齐国的百姓纷纷前来报名参加。

其中有个叫做南郭先生的,他根本就不会吹竽,但听说后,也拿着一支竽来应征。他向招募的官员吹嘘自己吹竽的本领是如何高超,绝对能让齐王满意。招募的

官员被他的吹嘘糊弄了，竟然没有考查，就接受了他。

齐宣王喜欢听合奏，每当演奏时，南郭先生总是站在中间，学着身边其他人的样子，装模作样，好像真能吹出美妙的音乐来。由于南郭先生遮掩得十分好,他在乐队中混了很久,居然一直没有被人发现。

过了几年,齐宣王死了,他的儿子齐湣王即位。虽然齐湣王也像他父亲那样十分爱听吹竽,但他却不喜欢听合奏而喜欢听独奏。于是,他每次听竽,都会叫演奏者一个个单独地吹给他听。

听到这个消息后,南郭先生吓得心惊胆战。在当天晚上,他趁着其他人都睡着的时候,一个人悄悄地溜出了王宫,逃得远远的,再也不敢回来了。

磻溪伊尹,佐时阿衡。
奄宅曲阜,微旦孰营。
桓公匡合,济弱扶倾。
绮回汉惠,说感武丁。

译文

姜子牙辅佐周武王伐纣建周,伊尹辅佐商汤推翻夏桀建立商朝,他们都是平定天下的功臣。在曲阜建国立业,除了周公以外,谁还会有资格呢?齐桓公匡正天下,九次会合诸侯,帮助和救济弱小的国家,扶持和维护日渐衰弱的周朝。汉惠帝做太子时,依靠绮里季才幸免废黜,商君武丁因为

梦境的感应,才得到贤相傅说的辅佐。

故事链接

姜子牙钓文王

姜子牙是西周时期杰出的军事家和政治家。他出身贫民,年轻的时候当过宰牛卖肉的屠夫,也开过酒店卖过酒,以维持生活。虽然如此,姜子牙始终人穷志不穷,无论宰牛、卖酒,都不忘学习,希望有一天能施展抱负。

当时,姜子牙已经八十岁了,但他仍然不忘黎民百姓,很想实现自己的政治抱负，成就一番大事业。后来，姜子牙听说周文王是一位贤君，为了引起周文王的注意，于是他常常坐在渭水边上钓鱼等待。姜子牙钓鱼的方法很奇怪：他的鱼杆很长，但线却很短；鱼钩也是直的，垂在水面三尺以上的地方，鱼钩上还不装鱼饵。当时的人们都嘲笑姜子牙，但姜子牙仍旧天天来钓鱼。

有一天，周文王到渭水北岸打猎。他看见姜子牙不同寻常的钓鱼方法，觉得很奇怪，就派了一名士兵前去询问。但是，姜子牙根本不理会周文王派来的人，只是自言自语道："钓啊，钓啊，鱼儿不上钩，虾儿来胡闹！"士兵不理解姜子牙的话，只得回去

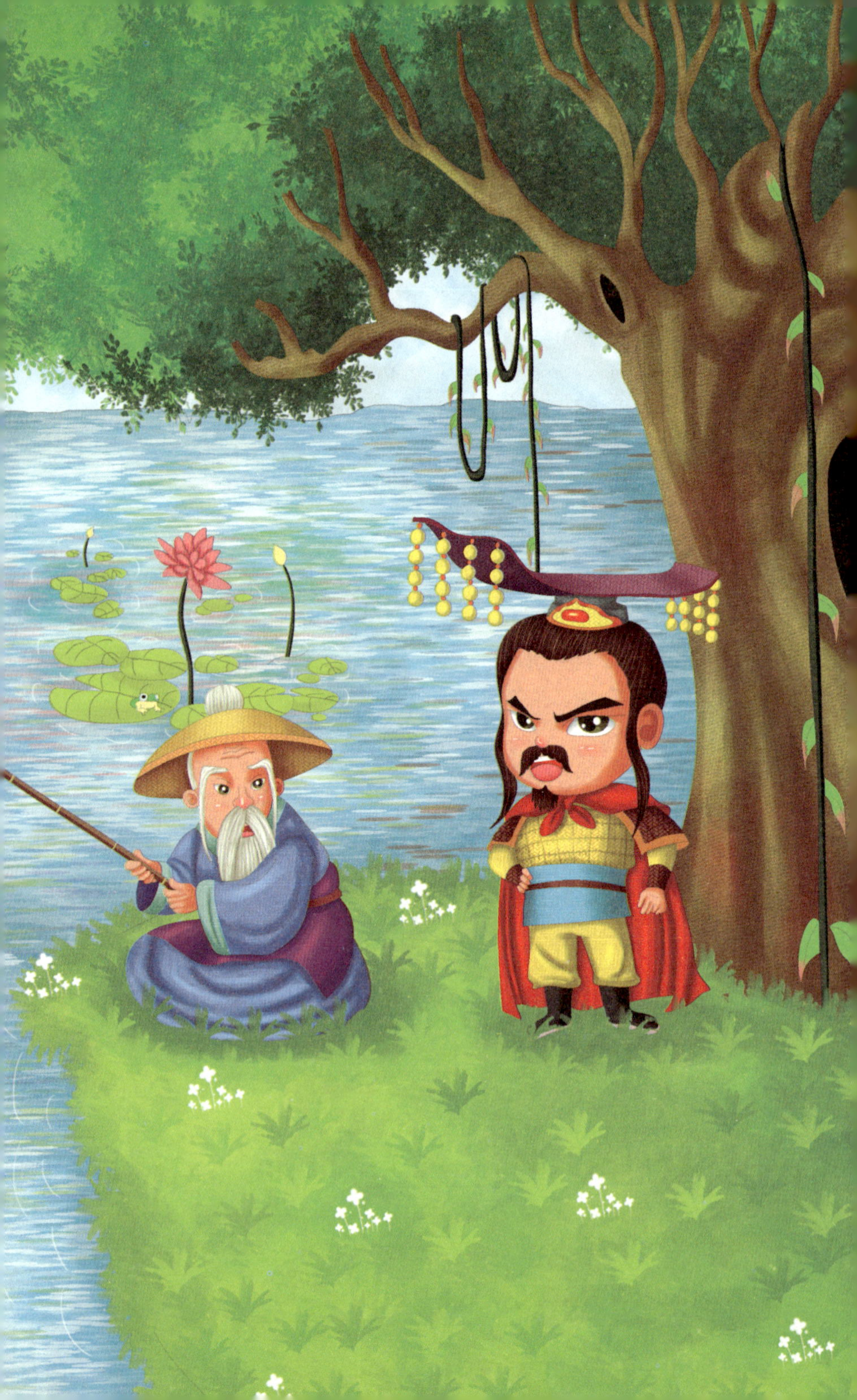

如实禀告。周文王于是又派了一名官员前去,可姜子牙依旧只顾自己钓鱼,并自言自语道:"钓啊,钓啊,大鱼不上钩,小鱼别胡闹!"周文王这才恍然大悟,原来姜子牙要等的人是自己啊!

这一次,周文王亲自去拜见姜子牙。两个人谈得很投机,周文王被姜子牙的才学所折服,于是请姜子牙当丞相。姜子牙果然没有辜负周文王的期望。在周文王去世后的第四年,他辅佐周文王的儿子周武王,推翻了商朝,建立了周朝。

昆池碣石，巨野洞庭。
旷远绵邈，岩岫杳冥。
治本于农，务兹稼穑。
俶载南亩，我艺黍稷。

译文

昆明有滇池，河北有碣石山，山东有巨野湖，湖南有洞庭湖。中国幅员辽阔，名山奇谷幽深秀丽，气象万千。治理国家的根本在于大力发展农业，这就要求一定要做好农作物的播种、收割等农事。致力于农业，就要在田间从事耕作，种上农作物。

文种还粮

吴国和越国是春秋末期江南一带的两个国家，两国相邻，有着很深的积怨。有一年，吴王夫差率兵攻打越国，越国大败，越王勾践也被吴王俘虏，成为吴王的车夫，备受羞辱。后来越国大臣范蠡和文种将美女西施以及大量金银财宝献给吴王，并且答应越国做吴国的附属国，吴王这才放了越王。吴王收下越国送来的礼物后，就越来越骄纵，一味地贪图享乐。

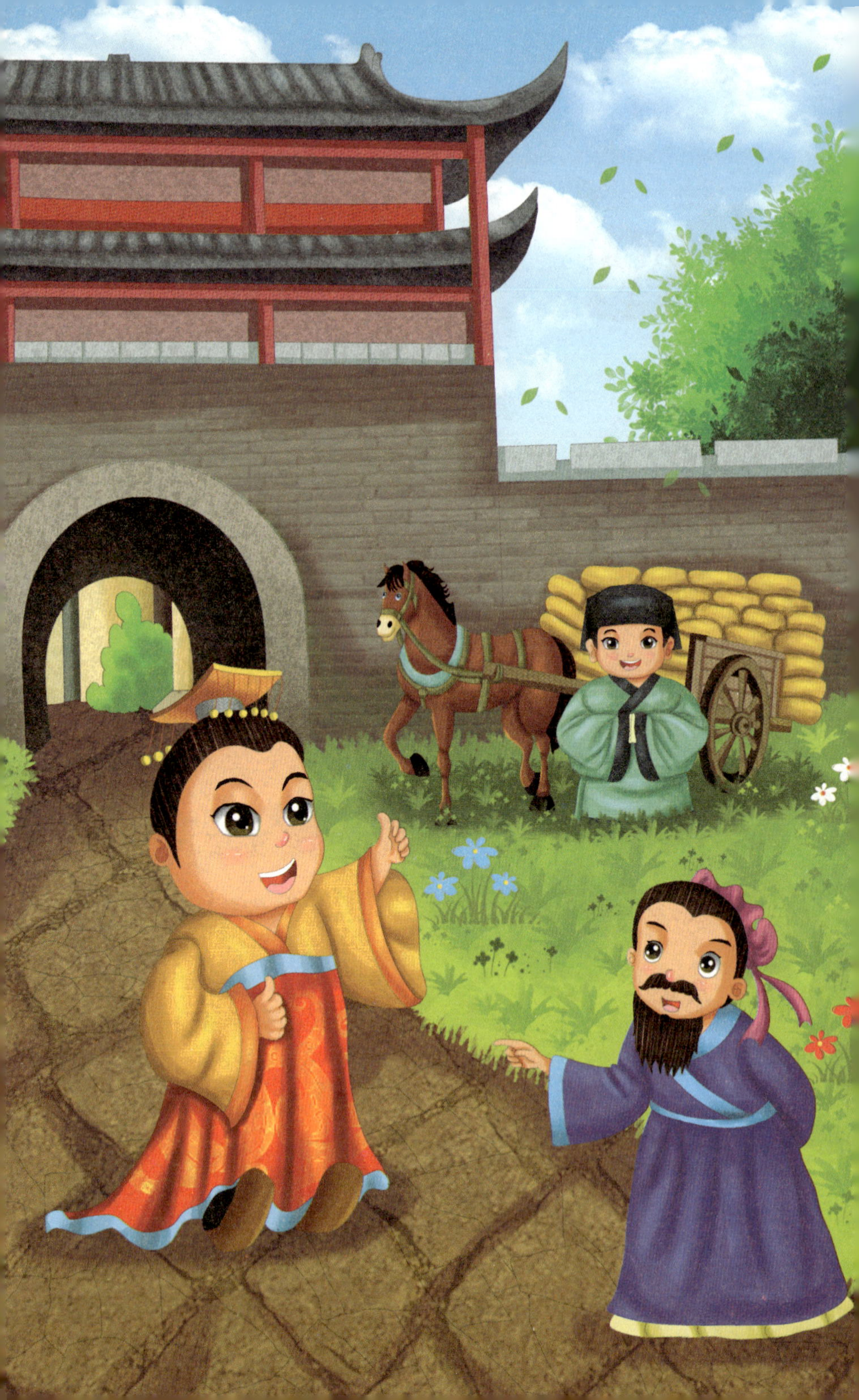

越王回国后，发誓一定要报仇。他整顿内务，努力发展农业生产，国力日渐强盛起来，但短时间内仍不是吴国的对手。于是，越王就故意在吴王面前示弱。有一年，越王派文种出使吴国，文种对吴王说："越国今年收成不好，闹了饥荒，想向吴国借一万石粮食，第二年就归还。"吴王想都没想就答应了。

第二年，越国丰收，文种亲自把一万石粮食送还给吴国。

吴王见越国十分守信用，非常高兴。他把越国的粮食拿来一看，粒粒饱满，就下令说："越国的粮食颗粒比我们的大，就把这一万石粮食卖给百姓做种子吧。"

于是，吴国就把这些粮食分给了农民，命令大家去种。到了春天，种子种了下去，等了十几天，都还没有发芽。大家想，好种子也许出得慢一点，就耐心地等着。

他们哪里知道，这是文种的计策：还给吴国的一万石粮食是蒸熟了又晒干的，怎么会发芽呢？结果这一年，吴国闹了饥荒。

就这样，吴国的国势很快地衰落下去，而越国却越来越强，最后越国灭掉了吴国。

耽读玩市,寓目囊箱。
易輶攸畏,属耳垣墙。
具膳餐饭,适口充肠。
饱饫烹宰,饥厌糟糠。

译文

东汉时期的王充,即使在热闹的集市和游玩的场所,眼睛所注视的也全是装书的袋子和箱子。换乘轻便小巧的车子要注意危险,不要疏忽一些琐碎的事情;说话要谨慎小心,不能旁若无人,以防隔墙有耳。安排一日三餐,只要适合自己的口味,能够吃饱就行了。人饱的时候,即使是大鱼大肉,

也不想再吃了;人饿的时候,即使是粗茶淡饭,也会觉得很可口。

防微杜渐

东汉和帝即位时,只有十岁,其养母窦太后掌握朝中大权,朝廷大小事情皆由窦太后说了算,可谓一手遮天。

窦太后排除异己,任用窦家人为文武大官,朝中的重要职位都由她的亲信担任。她的兄弟窦宪是当时的大将军,将国家的军政大权牢牢地握在手中。窦家人依仗权势任意妄为，引起了汉和帝的不满。

这种局面令朝中许多大臣都非常着急，为汉室江山的未来表示担忧。大臣丁鸿就是其中的一个，他对窦太后的专权非常愤怒，决心为国家除去这一祸害。他暗地里收集了许多关于窦太后徇私的证据，并寻找适当的机会扳倒窦太后。

有一天，发生日食，当时的人们都认为这是个很不祥的预兆，丁鸿就借这个机

会，上书皇帝，说："这个不祥的天象告诉我们朝中存在着危险势力。不过，现在这股势力还在萌芽阶段，如果不及时除掉，任它滋长的话，就会给国家带来大灾难。"丁鸿趁机指出窦家权势对于国家的危害，建议迅速改变这种现象。和帝本来早已觉察到了这一点，于是迅速撤了窦宪的官，窦宪和他的兄弟们因此而自杀。

丁鸿在给和帝的上书中说，皇帝如果整顿政治，就要防微杜渐，应在事物开始萌芽的时候就注意防范，这样才可以消除隐患，使国家长治久安。

笺牒简要,顾答审详。
骸垢想浴,执热愿凉。
驴骡犊特,骇跃超骧。
诛斩贼盗,捕获叛亡。

译文

给别人写信要简明扼要,回答别人的问题要详细周全。身上有了污垢,就想把它洗掉,手中拿着烫的东西就希望有风把它吹凉。驴子、骡子、小牛、公牛等牲畜一旦受到惊吓,就会狂奔乱跑。对强盗、小偷、叛乱分子和亡命之徒要严厉惩罚,该抓的抓,该杀的杀。

故事链接

亡羊补牢

春秋战国时期,有一个牧羊人养了一群羊,个个膘肥体壮,牧羊人非常高兴。有一天早晨,牧羊人忽然发现羊圈里少了一只羊。于是,他围着羊圈看了一圈,发现羊圈有一个小洞。原来,前几天下了一场大雨,又刮了一场大风,羊圈有一处不结实的地方就破了一个小洞,夜里狼从这个洞钻进来把羊叼走了。牧羊人非常生气,不停地诅咒叼走他的羊的狼。

邻居看见后就劝他说:"生气有什么用呢,还是赶快把洞补好吧!"

牧羊人听后却没好气地说:"羊都丢了,补上洞,羊也回不来了。"邻居听后

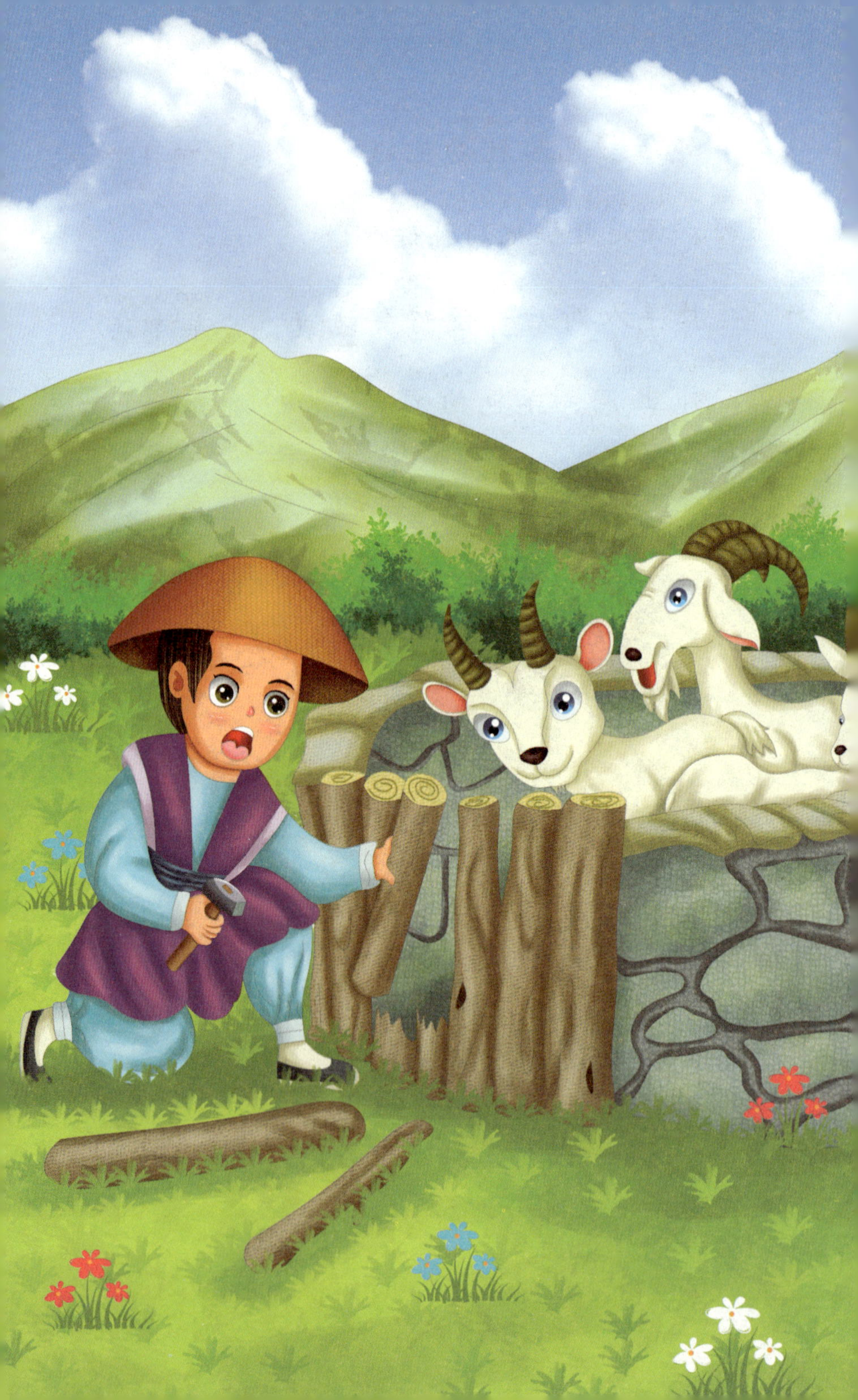

摇了摇头,走开了。

又过了好几天,那个洞越来越大,丢失的羊也越来越多。终于,有一天早晨,当牧羊人来查看他的羊时,发现羊群已经减少了一大半。看到这番情景,他伤心地大哭起来。

有一位老人听到哭声,就走了过来,关心地询问他是怎么回事。牧羊人把事情的经过说给了那位老人听,老人听了,笑着对他说:"你的羊不见了,是因为羊圈的洞修得太迟了。你发现羊圈的洞后,如果及时地修补好,羊就不会一只一只地丢失了。"牧羊人顿时醒悟过来,谢过老人家,拿起锤子,把羊圈的栏杆修得牢牢的。从此,他的羊再也没有丢过。

布射僚丸,嵇琴阮啸。
恬笔伦纸,钧巧任钓。
释纷利俗,并皆佳妙。
毛施淑姿,工颦妍笑。

译文

吕布擅长射箭,熊宜僚善玩弹丸,嵇康善于弹琴,阮籍能噘口长啸。蒙恬制造了毛笔,蔡伦改进了纸张,马钧是技艺高超的发明家,任公子善于钓鱼。这些人的技术和发明创造,有的解人纠纷,有的方便群众,都高明巧妙,为人称道。毛嫱、西施年轻美貌,哪怕皱着眉头都俏丽无比,笑起

来更是格外动人。

故事链接

蒙恬造笔

蒙恬是秦始皇时期的著名将领，同时也是传说中毛笔的制造者。

有一年，蒙恬带兵在外作战，战争打得非常激烈。为了能让秦王及时了解战场上的情况，蒙恬必须定期写战况报告递送给秦王。当时，人们用竹签当作笔蘸上墨，然后将字写在丝做的绢布上。这种笔

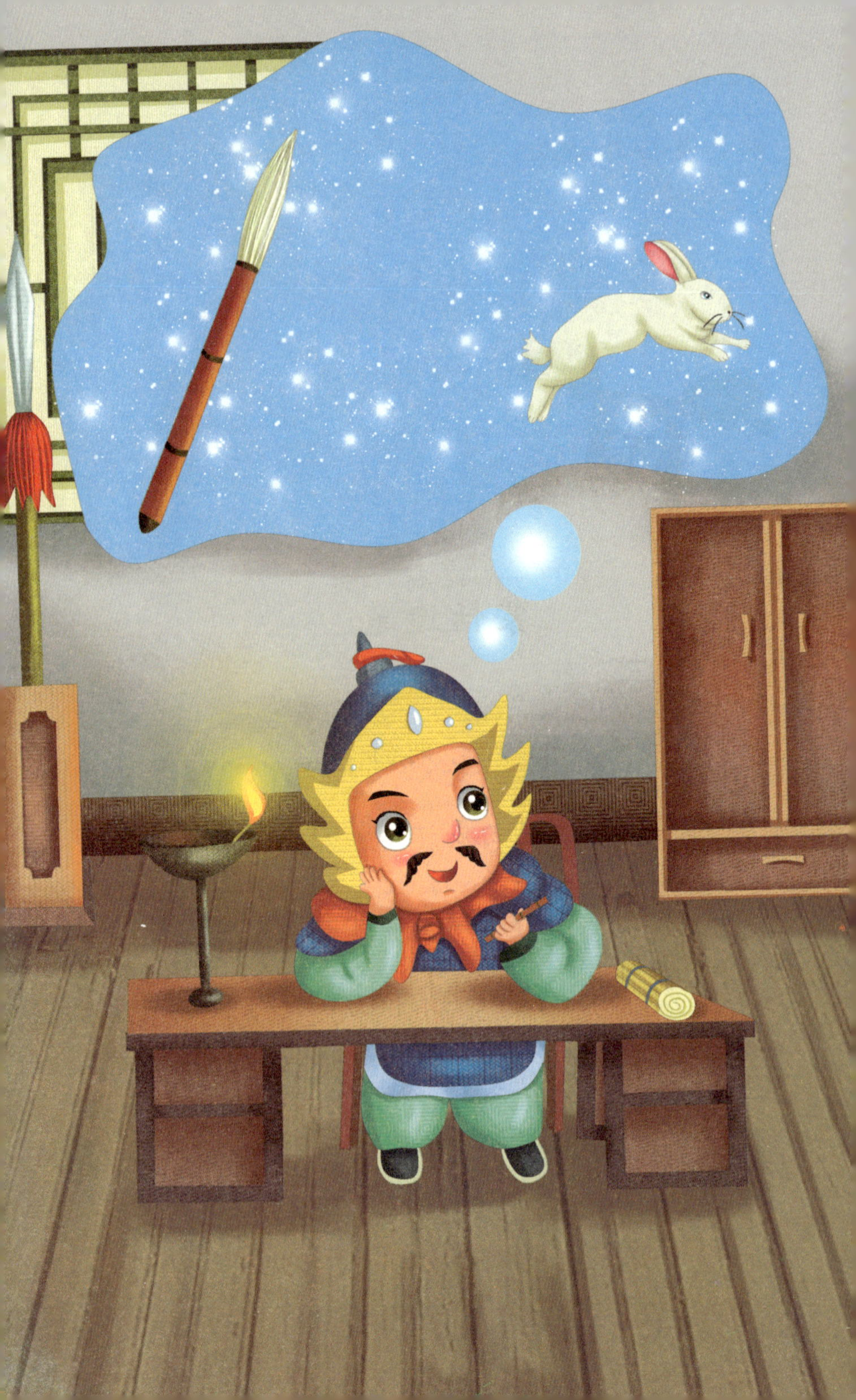

硬邦邦的，既不方便，书写速度也很慢。这让蒙恬很苦恼，怎样才能既快又方便地写出战事报告呢？

战争的间隙，蒙恬喜欢到野外去打猎。有一天，他打了几只野兔回军营。由于打到的兔子多，拎在手里沉沉的，一只兔子的尾巴贴在地上，血水在地上拖出了弯弯曲曲的痕迹。蒙恬见了，心中不由来了灵感：如果用兔尾代替普通的笔来写字，不是更好吗？

回到营房之后，蒙恬立刻剪下一些兔尾毛，插在一根竹管上，试着用它来写字。可是兔毛油光光的，不吸墨，在绢上写出来的字断断续续的。蒙恬一气之下，把那支

"兔毛笔"扔进了门前的石坑里。就这样几天过去了,有一天,他无意中又看到了石坑里那支被自己扔掉的"兔毛笔"——兔毛居然变得更白了。出于好奇,蒙恬捡起了它,用手指捏了捏兔毛,发现兔毛湿漉漉的。他将"兔毛笔"往墨盘里一蘸,兔尾竟变得非常"听话",写起字来也非常流畅。原来,石坑里的水含有石灰质,可以把兔毛上的油脂去掉。这样兔毛就柔顺起来,可以使劲儿地吸墨了。

BAI JIA XING

百家姓

zhào 赵

姓氏起源

赵姓起源于封地的名称。西周周穆王时期,有诸侯国出现叛乱。一个叫造父的人平叛有功,于是周穆王便把赵城赐给他,自此以后,造父及其后代就以封地"赵"为姓。

姓氏名人

赵武灵王： 战国时赵国的君主，曾推行"胡服骑射"，并修筑了"赵长城"。

赵云： 三国时蜀国名将，勇武果敢，刘备曾赞誉他一身是胆。

赵匡胤： 北宋王朝的建立者。

名人故事

穿胡服、学骑射的赵武灵王

赵武灵王是战国时期赵国一位奋发有为的国君。他的眼光远，胆子大，总是想方

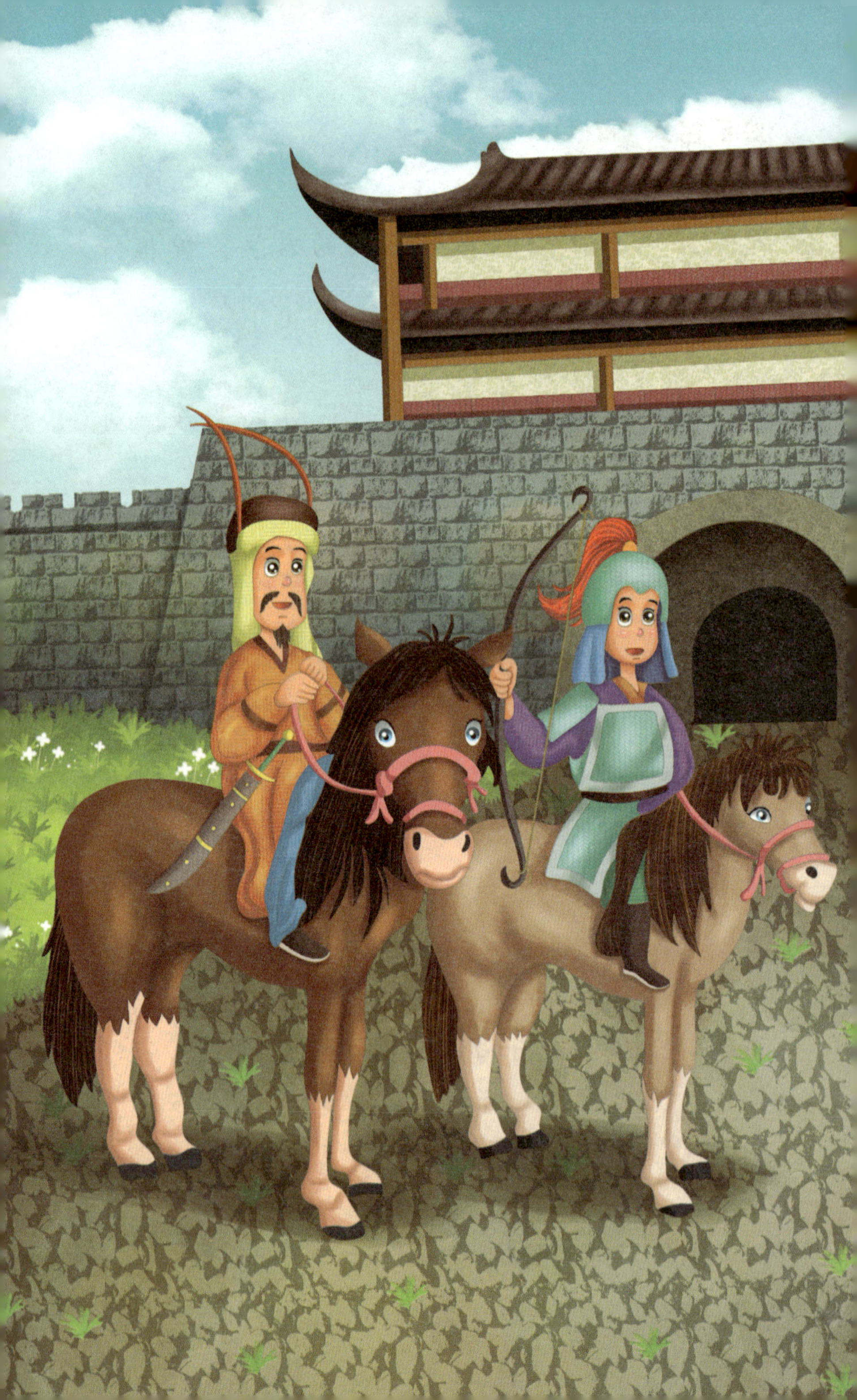

设法谋求国家的兴盛。

有一天，赵武灵王对他的臣子们说："咱们东边有齐国和燕国，南边有韩国和魏国，北边有胡人。如果我们不发愤图强，随时都会有灭国的危险。我觉得咱们穿的长袍大褂，干活打仗，都不方便，不如胡人穿短衣窄袖和皮靴灵活。我打算仿照胡人的风俗，把咱们的服装改一改，你们看怎么样？"大臣们听后，多数人都表示反对。

第二天，赵武灵王穿着胡人的服装上朝。大臣们见到他短衣窄袖的穿着，都吓了一跳，他们都觉得穿成这样太丢脸，不愿和赵武灵王一样。赵武灵王有个叔叔公子成，是赵国一个很有影响的老臣，思想十分顽固。他听说赵武灵王要改服装，就干脆装病不上朝了。赵武灵王知道后，亲自上门找公子成，跟公子成反复地讲穿胡服、学骑射的好处。公子成终于被说服了。赵武灵王立即赏给公子成一套胡服。大臣们一见公子成也穿起胡服来了，都无话可说了，只好跟着改了。赵武灵王看到条件成熟，就正式下了一道改革服装、学习骑马射箭的命令。赵国也由此逐渐强大起来。

qián

钱

姓氏起源

钱姓来源于彭姓。西周时期，有一个叫彭孚的人，他在朝中负责管理钱财，于是，便有人称他为"钱孚"。彭孚的后代继承了他的官职，并以先辈的官职为荣。后来，他们就将"钱"作为自己的姓氏，并世代延续下来。

姓氏名人

钱镠：五代十国时期吴越国的创建者,曾征民工修建钱塘江海堤。

钱起：唐代大诗人,被誉为"大历十才子之冠"。

钱乙：宋代著名的儿科医家。

名人故事

钱乙救太子

钱乙是北宋时期著名的儿科医生。他的医术高明,救治了很多病入膏肓的孩子。

一天,皇太子仪国公突然生病,请了不少名医诊治,但都毫无起色,病情反而越来越重,最后甚至发展到了抽搐。宋神宗非常着急,这时,有人向他推荐了钱乙。于是,钱乙被召进宫内给皇太子看病。

宋神宗见钱乙身材瘦小,相貌一般,有些小看他,但是既然已经召来了,就只好让他为太子诊病。钱乙从容不迫地诊视了一番后,要过纸笔,写了一帖药方。心存疑虑的宋神宗接过药方一看,发现上面有一味药竟是黄土,不禁勃然大怒:"你真放肆,难道黄土也能入药吗?"

钱乙不慌不忙,胸有成竹地回答:"据我诊断,皇太子的病在肾,肾属北方之水,按中医五行原理,土能克水,以土制水,水平风息,所以药里要用黄土。"

虽然钱乙说得头头是道,但是宋神宗还是很担心,犹豫不决。这时皇太子又开始抽搐了,皇后在一旁催促道:"钱乙诊病准确,皇上不要担忧了。"

于是,宋神宗命人从炉灶中取下一块焙烧过很久的黄土,用布包上放入药中一起煎。皇太子服下一剂药后,抽搐很快就止住了;服用数剂后,竟然奇迹般地痊愈了。

sūn

孙

姓氏起源

孙姓有多种起源。一是来源于周文王姬昌的后代惠孙。二是来源于春秋时期楚国令尹孙叔敖的后代。三是来源于帝舜的后代。春秋时期,齐景公赐将军田书姓孙,田书是舜的后裔。

姓氏名人

孙武： 春秋时期吴国著名军事家，他写的《孙子兵法》成为了影响深远的军事著作。

孙膑： 战国时期著名的军事家，孙武的后裔，著有《孙膑兵法》。

孙思邈： 唐代著名的医学家，被后人尊称为"药王"。

名人故事

孙膑智胜赛马

孙膑是战国时期著名的军事家，他和齐

国大将田忌既是军事上的合作伙伴,也是关系很好的朋友。

田忌很喜欢赛马。有一次,他和齐威王进行了一次比赛。他们把各自的马分成上、中、下三等。比赛的时候,上马对上马,下马对下马,中马对中马。由于田忌每个等级的马都比齐威王的弱,所以三场下来,田忌都失败了。

田忌十分扫兴,垂头丧气地要离开赛马场。这时,孙膑拦住了他,说:"我刚才看了赛马,大王的马比你的马快不了多少呀。你再同大王比赛一次,我准能让你赢了他。"

田忌疑惑地看着孙膑:"你是说另换一批马来?"孙膑摇摇头说:"一匹马也不需要更

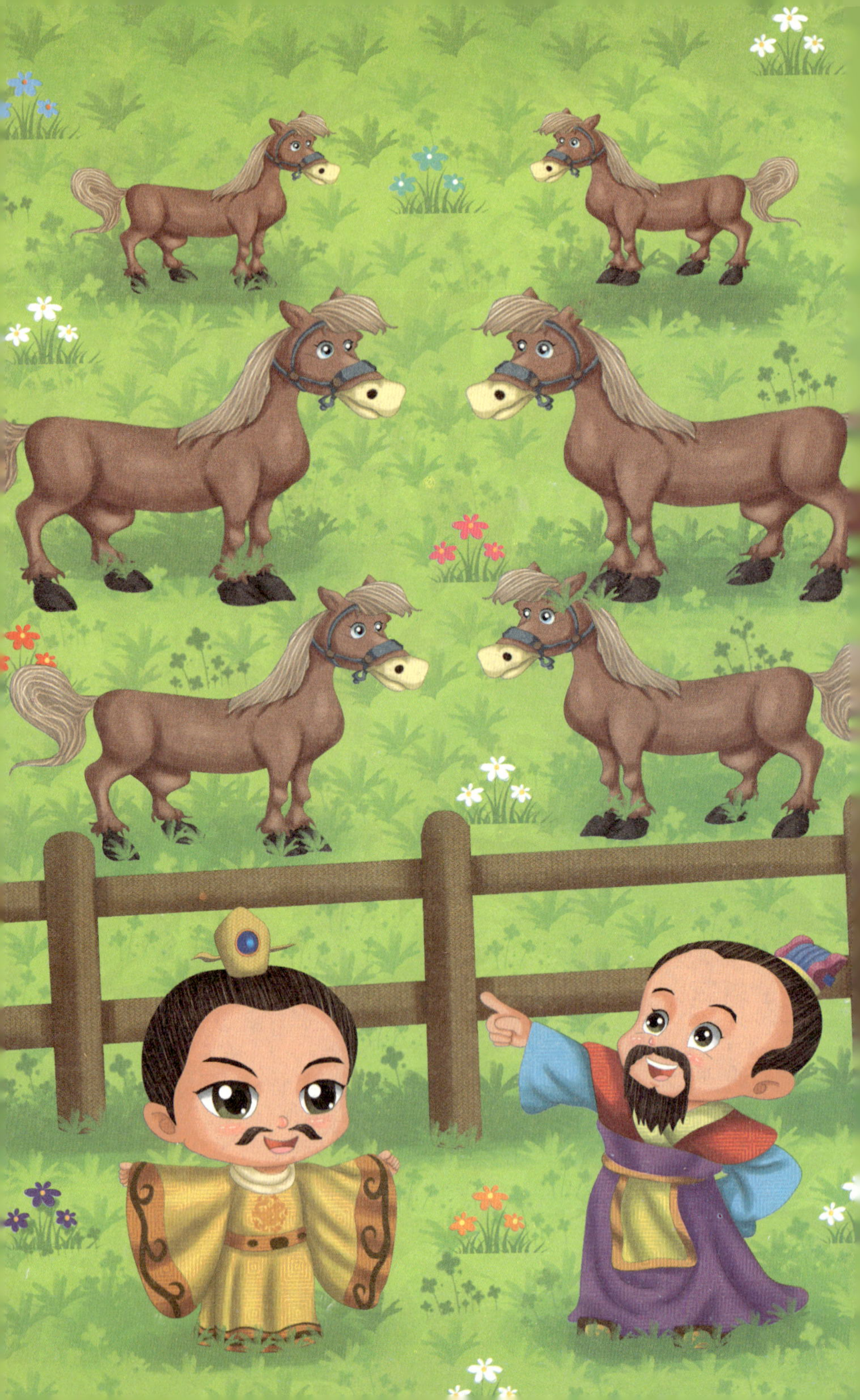

换。"田忌毫无信心地说:"那还不是照样输!"孙膑胸有成竹地说:"准能赢!"

齐威王屡战屡胜,听说田忌不服气,要再比一次,轻蔑地说:"那就开始吧!"孙膑先以下等马对齐威王的上等马,第一场输了。齐威王更加得意了。接着进行第二场比赛。孙膑拿上等马对齐威王的中等马,获胜了一局。齐威王有点心慌意乱了。第三场比赛,孙膑拿中等马对齐威王的下等马,又战胜了一局。这下,齐威王目瞪口呆了。比赛的结果是三局两胜,田忌赢了齐威王。

还是同样的马匹,调换一下出场顺序,就得到转败为胜的结果。

李

姓氏起源

李姓有多种起源。一是理氏改为李姓。远古时期,尧帝任命皋陶做理官,负责掌管刑罚和监狱,他的子孙便以官职名为姓,称为理氏。到了商朝末期,他的后代理利贞在逃亡路上,因靠吃李子得以生还,就把姓改成了李。二是出自他姓改李姓,据有关资料记载,唐开国元勋有诸将徐氏、麻氏、鲜于氏等十六氏赐姓李。三是他族改姓李。

姓氏名人

李耳：即老子,春秋末期著名的思想家、哲学家,道家学派的创始人。

李世民：唐朝第二位皇帝唐太宗,他开创了历史上有名的盛世——贞观之治。

李白：唐代伟大的浪漫主义诗人,被后人誉为"诗仙"。

李白戏国舅

李白是唐代著名的浪漫主义诗人,人称

"诗仙"。有一次,皇宫里举行宴会,朝廷召集一些文采出众的人前去吟诗助兴,李白就在其中。当时杨贵妃深受皇帝宠爱,她的哥哥杨国忠因此飞黄腾达,成为国舅,非常嚣张。杨国忠见其他人都喜笑颜开地抢着吟颂,只有李白不语,于是便当众不怀好意地说:"三国时期,曹植七步成诗,如果李诗仙能在七步之内也作出诗来,我杨国忠必定五体投地。"

李白看穿了杨国忠的用意,说:"要我七步作诗不难,不过诗不能白作,我要和你赌上一把!"杨国忠满不在乎地说:"只要你能在七步之内将我出的题目作成诗,我就输半帑金银于你,天子面前无戏言!"李白不慌不忙地说:"那好,既然如此,就请你出题吧!"杨国忠随口说:"就以'天子面前无戏言'起句,请吧!"李白随即起步吟道:"天子面前无戏言,半帛金银重如山。国舅不会点金术,何来家私万万千?"一首七言诗吟罢,李白迈出三步半。紧接着,李白又一边向前迈步,一边吟咏道:"李白出身最寒微,家徒四壁少吃穿。赢得国舅不赊欠,天子面前无戏言!"吟罢,恰好迈出七步。李白在七步之内作出了两首诗,一首揭发杨国忠贪污,一首向自己讨赌账,窘得杨国忠不知如何是好。

zhōu
周

姓氏起源

东周的最后一位天子是周赧王。公元前256年,秦始皇灭了东周,周赧王及他的王族都被贬为平民,迁居到了河南临汝县西北一带。当地人称他们为周家,于是他们就将"周"作为自己的姓氏。

姓氏名人

周勃：西汉时期的开国功臣，著名军事家、政治家。

周瑜：三国时吴国名将，人称"周郎"，曾火烧赤壁，大败曹操的军队。

周敦颐：宋朝儒家理学思想的开山鼻祖，其学说对后世理学的发展影响深远。

名人故事

周瑜打黄盖

周瑜是三国时期吴国的一员大将。赤壁

大战前的一天,周瑜把诸位大将召集到军帐中开会。他说:"看来攻打曹操不是短时间内可以成功的,你们每人先领三个月

的粮食,准备长期作战。"周瑜本来还有话说,却被黄盖打断了,黄盖大声嚷嚷:"不要说三个月,就是三十个月,我们也是打不赢的,不如干脆投降吧!"周瑜听到这种长他人志气、灭自己威风的话,勃然大怒,下令要斩了黄盖。其他将领连忙跪下求情,周瑜才免了黄盖的死罪,但还是打了黄盖五十军棍,黄盖被打得皮开肉绽。

不久,黄盖就向曹操送去了投降书。曹操知道黄盖被打的事情,相信了黄盖的投降,并与黄盖约好了投降的时间。到了约定的时间,黄盖率领几十艘大船去投降。曹操站在船头高兴地迎接黄盖。谁知,当船队接近曹军时,黄盖下令放火烧船。这十几艘"火船"借着风势快速地向曹操的船队移动。没多久，曹操的船队也相继着火。曹操这才知道上了周瑜和黄盖的当，仓皇逃走。

其实，"投降"只是周瑜和黄盖演的一出戏，为了让生性多疑的曹操相信，周瑜才狠下心痛打了黄盖。歇后语"周瑜打黄盖——一个愿打、一个愿挨"，就是由此而来。

wú
吴

姓氏起源

远古时期,周部落的首领古公的儿子泰伯和仲雍在江南一带建立了吴国。后来吴国灭亡,其子孙为了不忘故国,就以国名"吴"为自己的姓氏。此外,吴姓中还有一支起源于舜。相传舜是有虞氏部落的首领,因古文字"虞"与"吴"相通,故以"吴"为姓。

姓氏名人

吴起：战国初期军事家、政治家，兵家代表人物。

吴道子：唐代著名画家，被尊称为"画圣"。

吴承恩：明朝杰出小说家，《西游记》的作者。

吴起治兵

吴起是战国初期卓越的军事家、统帅、

军事改革家。他做将军时,对士兵既爱护,又严厉。

有一次,一个士兵身上长了一个大脓疮,但他依然每天坚持训练。吴起知道以后亲自过来看他。这个士兵非常感动,他没有想到,自己只是一个小小的士兵,竟然能得到将军的如此厚爱。

吴起仔细看了看那个脓疮,俯下身去亲自用嘴把脓疮里的脓血吸了出来。吸完之后,他说:"把脓血吸出来就不会发炎了。"那个士兵感动得热泪盈眶,都不知道该说什么好了。

吴起虽然爱护士兵,但在治军方面却是非常严格的。有一次,吴起率领的军队和秦国军队作战,一个士兵没有接到命令就奋勇进击并杀死了两个敌人。吴起知道后不但没有奖赏这个士兵,还下令立即将他斩首。负责执行斩首的官员说:"将军,不能杀啊!这是一个勇敢的士兵啊!"

吴起严肃地说:"即使再勇敢,不遵守长官的命令,就是违反纪律。如果饶了他,那以后再有人不遵守军令,我该怎么处理?是杀还是饶?"

这位官员被问得哑口无言,只好斩杀了那个士兵。

zhèng
郑

姓氏起源

西周时期,周宣王把郑地(今陕西华夏一带)封给了他的异母兄弟姬友。姬友在郑地建立了郑国,成为郑国第一位国君。四百多年以后,郑国被临近的韩国所灭。姬友的后裔为了纪念故国,就将姬姓改为"郑"姓。

姓氏名人

郑和：中国明朝著名航海家、外交家，曾七次下西洋。

郑成功：明末将领，著名的民族英雄，曾击败荷兰殖民者，收复了台湾。

郑和化干戈为玉帛

郑和是我国明朝时期著名的航海家，曾经七次下西洋，堪称是世界性的壮举。

郑和第一次下西洋时，顺风南下，到

六月份时,正好到达爪哇岛上的麻喏巴歇国。当时,这个国家的东王、西王正在打内战。东王战败,其属地被西王的军队占领。郑和船队的人员上岸到集市上做生意,被占领军误认为是来援助东王的,被西王误杀了一百七十人。郑和部下的军官认为将士的血不能白流,纷纷请战,急于向麻喏巴歇国宣战,给麻喏巴歇国以报复。

西王得知误杀郑和船队人员后,十分惧怕,派使者去向郑和谢罪,并承诺赔偿六万两黄金以赎罪。郑和第一次下西洋

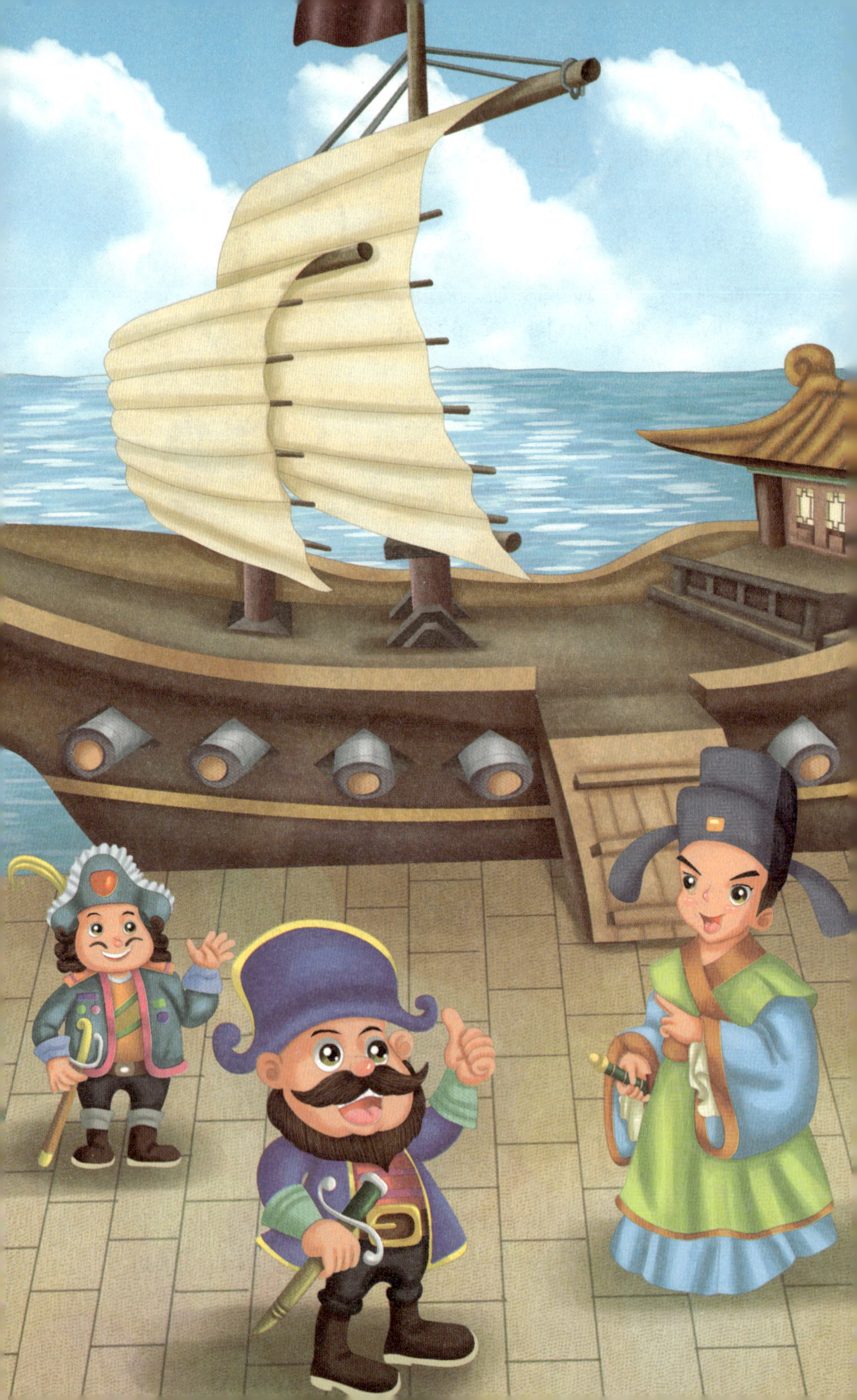

就出师不利,而且又无辜损失了一百七十名将士,按常理必然会引发一场大规模的战斗。然而,郑和得知这只是一场误杀,又鉴于西王诚惶诚恐,请罪受罚,于是禀明王朝,希望化干戈为玉帛,和平处理这一事件。明王朝最终决定从宽处理这件事,同时放弃了对麻喏巴歇国的索赔。西王知道这件事情后,十分感动。

wáng

王

姓氏起源

周灵王的太子晋，本来很受宠爱，后来因其直谏，惹得周灵王大怒，被贬为平民。他的子孙也被迫迁居到太原、琅琊一带居住。因为他们是王族的后代，所以当地人都称他们为"王家"。久而久之，他们就以"王"为姓。

姓氏名人

王羲之： 东晋著名书法家，被奉为"书圣"。

王维： 唐代著名诗人、画家，他的作品有"诗中有画，画中有诗"之美誉。

王安石： 北宋著名政治家、思想家、文学家，"唐宋八大家"之一。

名人故事

王翦要田

王翦是秦国一员大将，为秦始皇统

一六国立下了汗马功劳。这一年,秦王命令王翦率兵去消灭楚国。王翦说:"大王给我六十万大军,我才能消灭楚国。"秦王有些犹豫,因为六十万差不多是秦国所有的兵力,如果全给了王翦,一旦王翦叛变,他拿什么去抵抗呢?但为了能够一统天下,秦王还是勉强答应了王翦的要求。

在大军出发的那天,秦王亲自去送行。临行前,王翦对秦王说:"我为大王立了这么多功,希望大王能赏赐我一些田地、住房,这样我子孙的生活就不用愁了。"秦王听后不由得大笑,并答应了他的请求。

军队出发后不久,王翦就派人去向秦王询问赏赐的事情。等这个人回来以后,他又派了一个人去。这样一连进行了五次。第五次时，被派的人觉得王翦做得很过分，就问道："将军，大王已经答应给你田地和住房了，你为什么还要派人去向大王要呢？"王翦说："大王是一个不容易相信别人的人，现在他把几乎全国的兵力都给了我，我如果不以子孙的生活为借口，多向大王要赏赐，大王就会怀疑我的忠心，认为我有叛变的可能。"被派的人这才明白王翦的良苦用心。

chén

陈

姓氏起源

周武王灭纣建立周朝以后，找到舜帝的后人妫满，封他在陈（今河南省淮阳县）这个地方，建立了陈国。后来，陈国发生内乱，王族不得不出逃他国。妫满的子孙为了纪念故国，就以"陈"为姓。

姓氏名人

陈平：西汉开国功臣,曾六出奇计帮助刘邦夺得天下。

陈寿：西晋时期历史学家,著有史书《三国志》。

陈子昂：唐代文学家、诗人,初唐诗文革新人物之一。

名人故事

陈洪绶一笔不施

陈洪绶是明末著名的画家,他晚年生

活在杭州，以卖画为生。

有一年，杭州来了一位新知府。他知道陈洪绶的画十分有名，就想请他画一幅。但这位新知府是一个贪官，对百姓横征暴敛，人们都很讨厌他。所以，这个知府多次邀请陈洪绶作画，都被陈洪绶拒绝了。但他不肯善罢甘休，于是找到了陈洪绶的好朋友周工亮。周工亮收了新知府的钱，答应帮他的忙。

第二天，周工亮邀请陈洪绶乘船游湖，鉴赏宋元时期的名画。陈洪绶兴致勃勃地去了，船都已经划到湖心了，却始终没有看到宋元名画。陈洪绶很疑惑地问："周兄，你说是来鉴赏名画的，但上船这么久了，我怎么还没有看到名画呢？"

这时，新知府从船的后舱里走出来，说："那些名画在你的笔下啊！今天终于把你这位大画家请来了。来人，快准备笔墨素绢！"

陈洪绶知道自己受骗了，不禁勃然大

怒，大骂道："好无耻的狗官，想骗我到湖心来作画，今天我偏不画，看你能把我怎么样！"新知府非常生气地说："今天你都已经来到湖心，就别想逃出我的手掌心！你画也要画，不画也要画，看你往哪里走？"陈洪绶一听，更是气愤，说："你这狗官，我今天一笔也不画！"说着，把上衣一脱，站在船头，准备投湖自杀。

新知府生怕弄出人命，影响自己声誉，只好请周工亮劝说一番，然后派了一只小船，将陈洪绶送上了岸。

yáng

杨

姓氏起源

西周时期,周成王将他的弟弟叔虞分封于唐邑(今山西翼城),建立晋国。到了春秋时期,晋献公封他的弟弟伯侨的领地于杨(今山西洪洞县东南),伯侨以地取姓,即为杨姓。此外,在隋朝的时候,由于皇族为杨姓,所以有功劳的人,常常获皇帝赐姓"杨"。

姓氏名人

杨坚：隋朝开国皇帝，即隋文帝。

杨炯：唐代诗人，与王勃、卢照邻、骆宾王并称为"初唐四杰"。

杨业：又名杨继业，北宋名将，人称"杨无敌"，是"杨家将"之首。

名人故事

聪明过头的杨修

杨修是曹操身边的一个谋臣，非常聪明。有一次，西凉有人送了一盒酥糖来，曹操在盒上写了"一合酥"三个字,大家又不懂是什么意思。杨修笑道:"'一合酥'三字如把'合'字拆开来读,就是'一人一口酥',我们大家分了吧。"于是大家将这盒酥糖分吃了。曹操知道后,虽在口头夸他聪明,心里却十分不高兴。

曹操常怕人暗害他,就对人说:"我梦中好杀人,因此我睡着时,你们不要靠近我。"一日午睡时,他的被子落在地上,侍从慌忙取起给他盖上,曹操一剑把侍从给杀了,接着又睡。半天后,曹操起来,假装问:"是谁杀了他?"众人都说:"是您在睡梦中杀的。"杨修对着被杀的侍从叹气道:"丞相非在梦中,你才是在梦中啊！"曹操知道后，更加厌恶杨修。

后来，曹操率领大军进攻汉中，被诸葛亮连败几次，心中非常烦躁。这时，他的属下前来请示夜间口号，曹操正在吃鸡，随口说道："鸡肋。"杨修一听，就命令手下收拾行装准备回去，手下问他原因，杨修说："鸡肋上没有多少肉，吃起来无味，丢掉了可惜，所以我猜曹公要退兵了。"曹操听闻大怒，于是以杨修造谣扰乱军心为由，把他杀了。

jiǎng 蒋

姓氏起源

西周初期,周公姬旦的第三个儿子伯龄被周武王姬发封在了蒋地,伯龄在那里建立了蒋国。到了春秋时期,蒋国被楚国所灭。为了纪念故国,蒋国的子民就以"蒋"为自己的姓氏。

姓氏名人

蒋琬：三国时期蜀汉大将,"蜀汉四相"之一。

蒋防：唐代文学家,著有传奇小说《霍小玉传》。

蒋春霖：清代著名词人,他的词婉约多姿、抑郁悲凉,有"词史"之称。

名人故事

蒋士铨对对联

蒋士铨是清朝乾隆、嘉庆年间一位很有

影响力的诗人。

有一天,蒋士铨在城外观赏田园风光的时候,看到几个舂米的乡民愁眉苦脸地在对一个对子。上联是:水打轮,轮打碓,舂谷舂米舂糠秕。乡民们一遍一遍地念着上联,可就是对不出下联。蒋士铨好奇地问:"你们是舂米的,为什么急着在这里对对子?"一个乡民回答:"刚才县官老爷下乡办事,经过水碓,出了一个对子要我们对。对不上就要罚我们每人一担谷子。我们家里正等着米下锅,罚去这担谷,全家人都要饿肚皮了。"

蒋士铨听完乡民的话,觉得这个知县十分可恶,就问:"那个贪官是骑马还是坐轿来的?"乡民们异口同声地说:"是坐

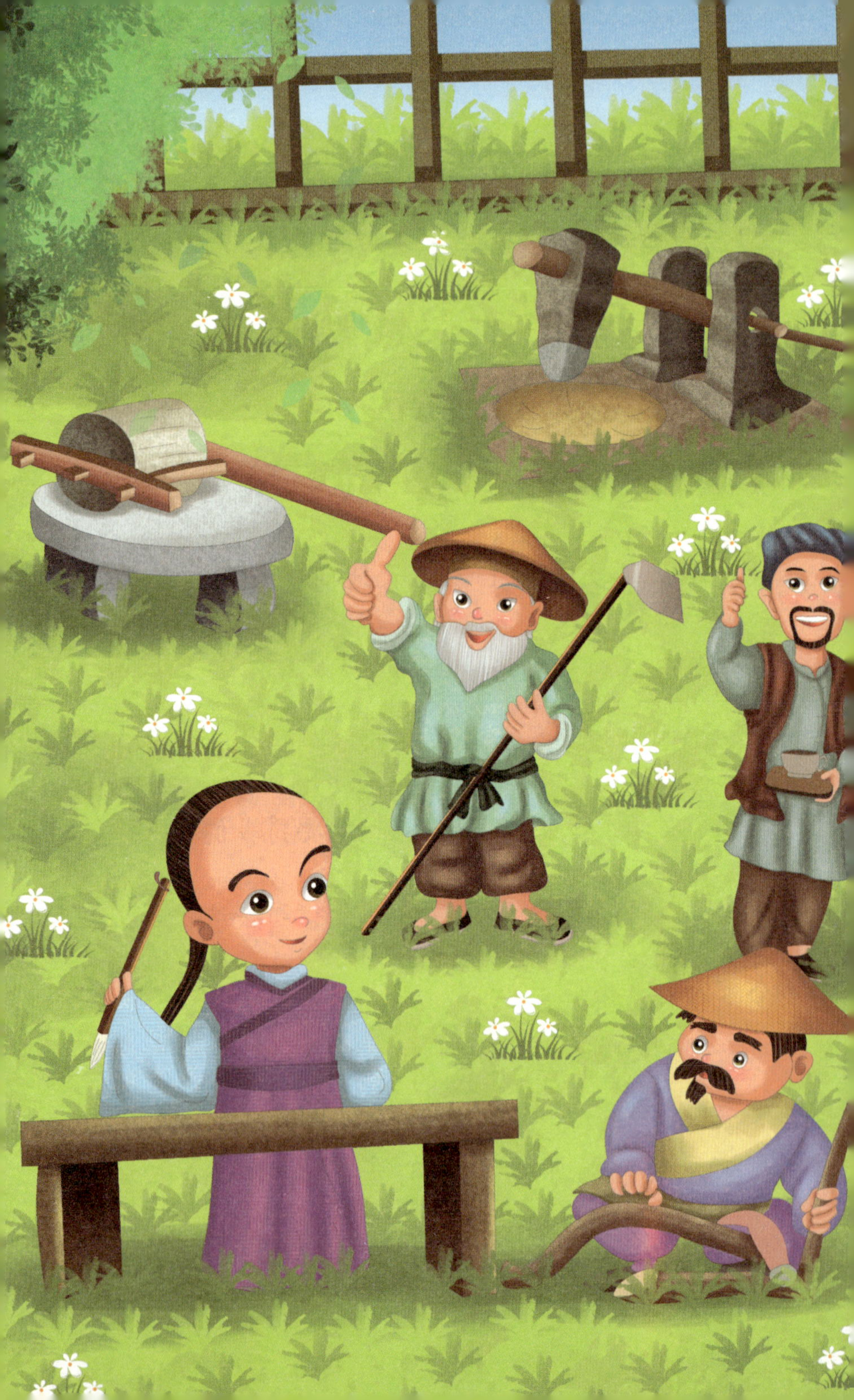

轿子出来的。"于是蒋士铨很快就想到了下联。当县官听到那个对联以后,就灰溜溜地回去了。

你知道蒋士铨对的下联是什么吗?下联就是:人抬轿,轿抬人,扛猪扛狗扛死人。

朱 zhū

姓氏起源

朱姓起源于曹姓。颛顼是五帝之一,他的后代安被大禹赐"曹"姓。到了周武王时期,安的后代被封在了邾(今山东曲阜一带),在那里建立了邾国。战国时期,邾国被楚国所灭。为了纪念故国,安的后代将姓改为"邾",后来逐渐简化为"朱"。

姓氏名人

朱熹：宋朝著名的理学家、思想家,儒学集大成者,世称"朱子"。

朱元璋：明朝开国皇帝,史称明太祖。

朱棣：即明成祖,朱元璋死后,夺得皇位。他统治的时期被后世称为"永乐盛世"。

朱元璋假斩徐达

1356年,朱元璋率领红巾军攻下集庆

后，准备攻打镇江。但这个时候，有几个士兵在街上买东西不付钱，甚至还有将领调戏民女。朱元璋听到后恼怒万分，本想以军法处置这些人，但此时正是用人之际，不能因为这些事情影响了军心。于是他和大将军徐达商量，演了一场"假斩"的好戏。

徐达要被问斩了，这件事引起了军中一片骚动。众将士都非常吃惊，都赶过来看个究竟。执法官用洪亮的声音宣布："徐达身为统兵大将军，不知管束部队将士，军中屡次发生欺压百姓的事情，坏我红巾军的名声。为严明军纪，应将徐达斩首示众！"朱元璋对众将士说道："我们起兵反元，就是因为元朝官府欺压百姓。如果

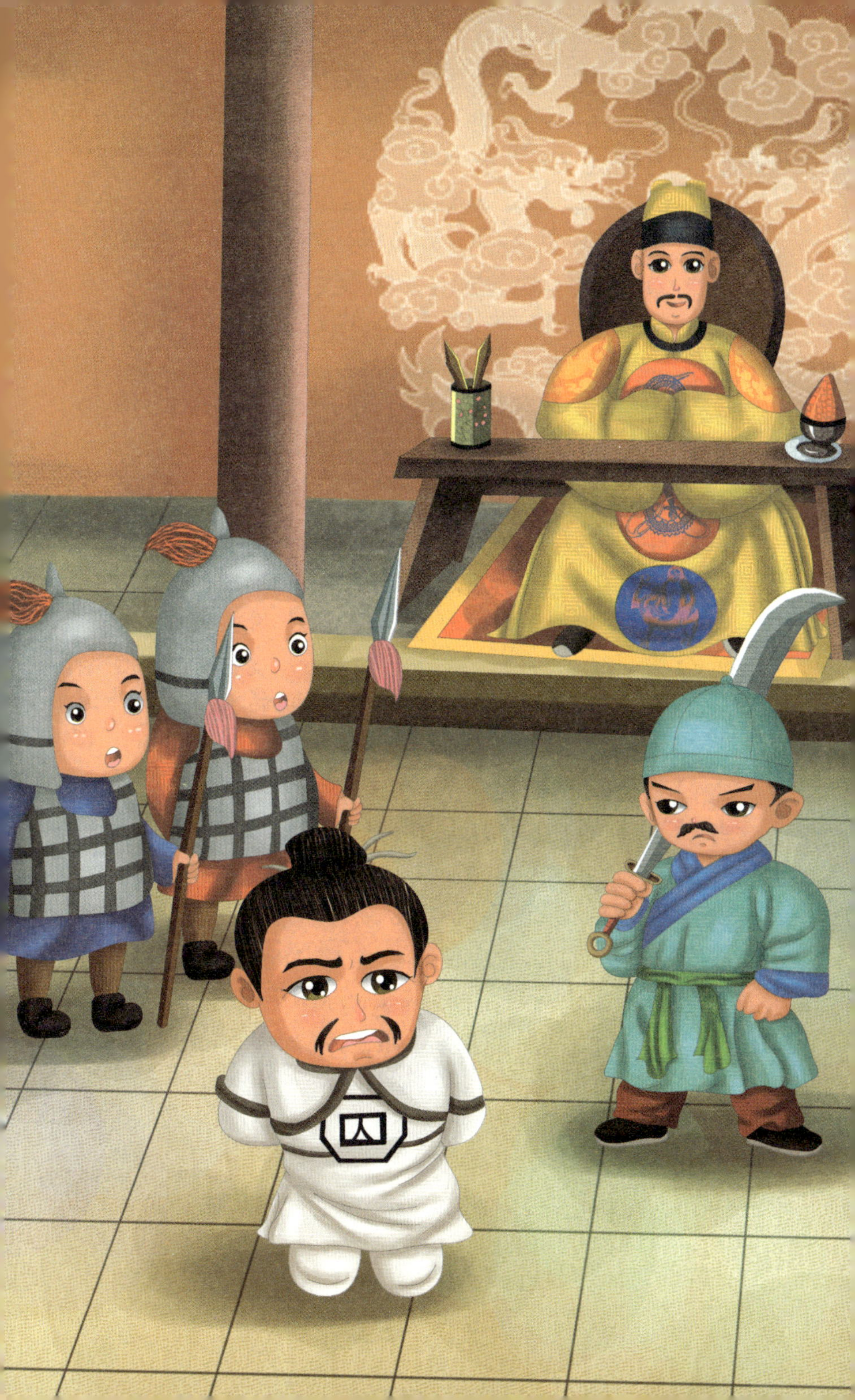
囚

我们推翻了元朝,反过来自己却欺压百姓。那么我们不就和元朝官兵一样了吗?"众将士见朱元璋要动真格的,纷纷跪下替徐达求情。朱元璋沉吟了半晌,才指着徐达大喝道:"这次就饶了你,以后军中再发生欺压百姓之事,定斩不饶!"说罢,拂袖而去。

松了绑的徐达恢复了大将军的威风,他当场宣布:"打下镇江后,一不许烧房,二不许强抢,三不许欺凌百姓,四不许调戏妇女。违者砍头示众!"最后,徐达率领这支纪律严明的大军很快攻下了镇江。

zhāng 张

姓氏起源

传说黄帝的孙子名叫挥,挥创制了弓箭,因此他的后代被赐姓"张"。此外,春秋时期,晋国有一个大夫名叫解张,被奉为张侯,之后他的子孙便以"张"为姓。还有一些张姓则是由少数民族改姓而来的。

姓氏名人

张良：东汉的开国功臣,汉高祖刘邦的重要谋臣。

张衡：东汉著名天文学家、文学家,发明了地动仪。

张九龄：唐朝著名政治家、文学家,曾身居丞相一职,为"开元之治"做出了积极贡献。

名人故事

饺子的由来

饺子原名娇耳,相传是由张仲景发明的。张仲景是东汉末年的医学家,被后人尊称为"医圣"。

东汉末年,张仲景在长沙做太守,告老还乡的时候,正赶上冬天。那年冬天非常寒冷,当他回到家乡的时候,发现许多穷苦的老百姓不仅没有饭吃,而且好多人的耳朵都冻烂了。他非常难过,决心要救治他们。他叫弟子在南阳东关的一块空地上

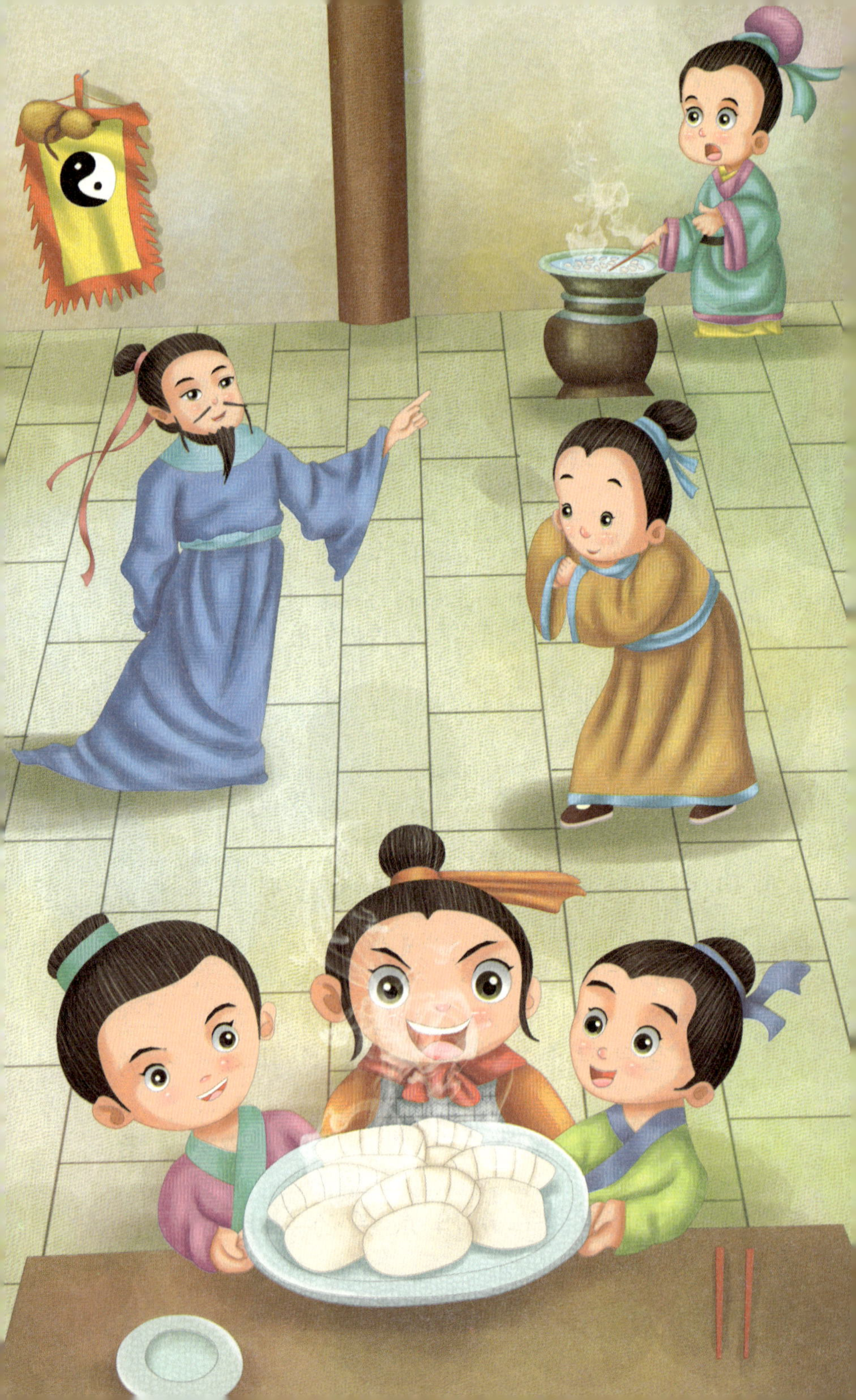

搭起医棚,架起大锅,在冬至那天开张,向穷人舍药治伤。经过研究,他研制了一个可以御寒的食疗方子,叫"娇耳"。娇耳是把羊肉、辣椒和一些祛寒的药物放在锅里煮,熟了以后捞出来切碎,用面皮包成耳朵的样子,再下锅。张仲景将煮熟后的娇耳分给穷苦的病人。每人两只娇耳、一碗汤。人们吃下后浑身发热,血液通畅,两耳变暖。一段时间以后,病人们的耳朵就都好了。

舍药一直持续到大年三十。大年初一,人们为了庆祝新年和耳朵康复,就模仿娇耳的样子做了过年的食物在初一早上吃。

后来为了纪念张仲景,每逢冬至日和大年初一,人们都会吃娇耳。

sū

苏

姓氏起源

西周时期，颛顼的后代昆吾被封在了苏国。春秋时期，苏国被北方少数民族所灭，其子孙便以国号"苏"为姓。

姓氏名人

苏秦： 战国时期著名的纵横家。

苏绰： 南北朝时期西魏大臣，曾创制

计账、户籍等法。

苏轼：北宋著名文学家、书画家，与其父苏洵、其弟苏辙同被列入"唐宋八大家"。

苏秦刺股

苏秦是战国时期的人，他年轻的时候，曾和张仪一起拜鬼谷子为师，学习纵横术。学成之后，苏秦想凭借自己的才能谋个一官半职。他先去见了周显王，周显王不重用他；他又去了秦国，秦惠文王对他

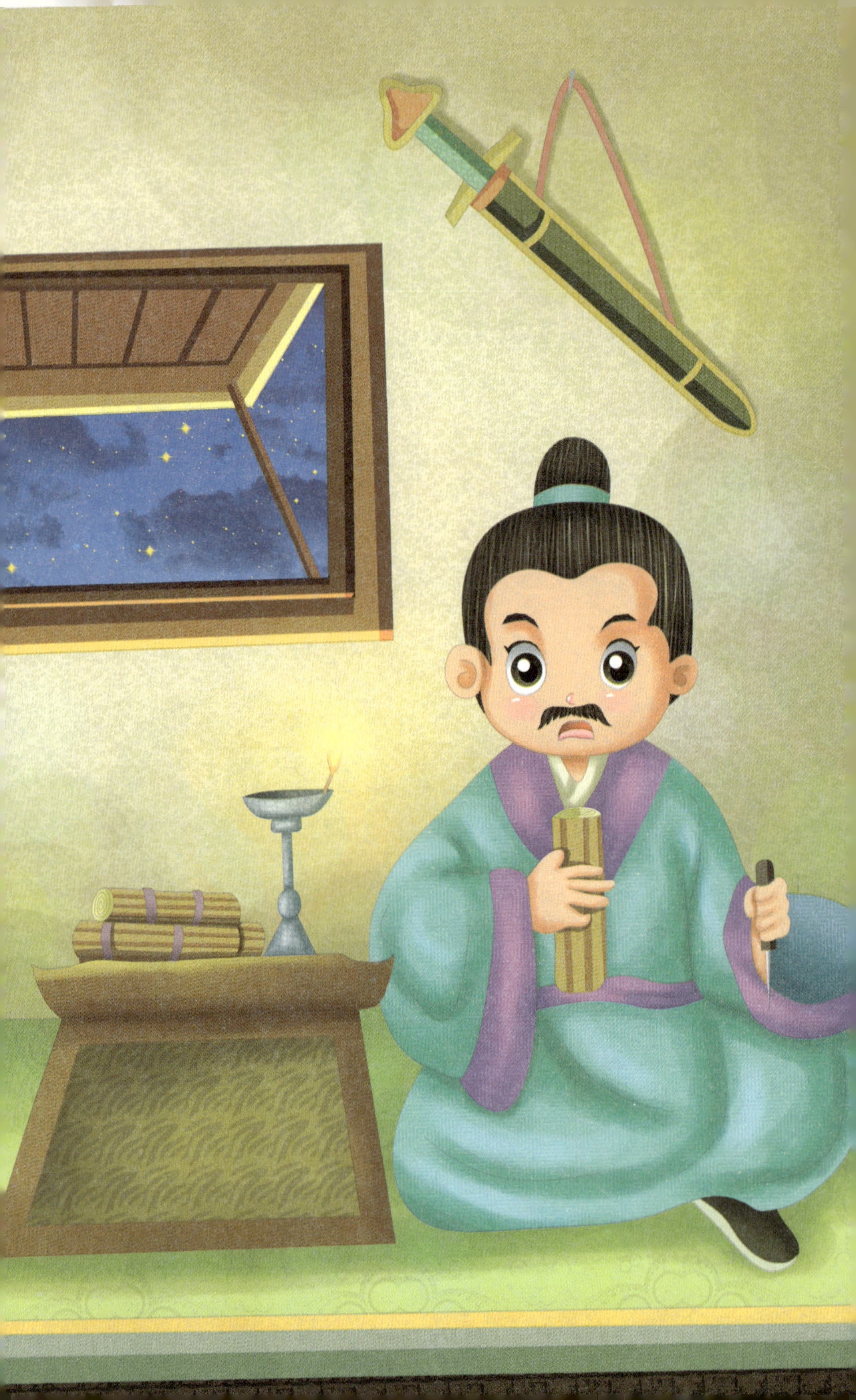

也很冷淡。接连碰了几个"钉子",苏秦还是不死心。他到处漂泊,眼看随身带的银两就要花光,自己还没有着落,只好失望地回到了家乡。家里人看到苏秦如此憔悴狼狈,都奚落嘲笑他,嫂嫂不给他做饭,连父母也不愿认他这个儿子。

苏秦伤心极了,他暗自心想:难道我这辈子就这样没有出头的日子了吗?秦国不用我,我不是还可以去找其他六国的君主吗?如果我能够把秦国与六国之间的利害关系讲清楚,六国君主中总会有人重用我的。

为了实现自己的理想抱负,苏秦开始发奋读书。他常常读书到深夜,有时困得一个劲儿打盹,直想睡觉。于是,他想出了一

个办法：准备一把锥子，一打瞌睡，就用锥子往自己的大腿上猛刺一下，疼痛让他马上清醒起来，他就振作精神继续读书。苏秦就这样刻苦用功了一年多，读熟了姜太公的兵法，记熟了各国的地形、政治和军事情况，并且研究透了各诸侯的性格、心理。经过这一番准备，公元前334年，苏秦开始游说六国，终于得到了重用。

huáng

黄

姓氏起源

远古时期,东夷部落的首领伯益因助大禹治水有功,被赐予嬴姓,他的后代分成十四个分支,其中有一支叫做黄夷。春秋时期,黄夷建立了黄国(今河南潢川一带)。后黄国为楚国所灭,其子孙便以国名"黄"为姓。

姓氏名人

黄歇：即楚国春申君,"战国四公子"之一,著名政治家、军事家。

黄巢：唐末农民起义领袖。

黄宗羲：明末清初著名的思想家、文学家、史学家。

一生勤奋的黄宗羲

黄宗羲是明末清初的著名思想家、史

学家。他十四岁那年，父亲被奸臣害死，他满怀为父亲申冤报仇的决心，跟着老师刘宗周刻苦学习。

黄宗羲的青年和中年时代，主要从事反对奸臣的活动。明朝灭亡以后，他又奋不顾身地参加抗清斗争。尽管斗争生活非常繁忙、紧张，但黄宗羲仍利用一切机会读书和写作。有一次，黄宗羲被清兵围困，他一面指挥士兵守寨等待援兵，一面还在船中研究历法。还有一次，清朝统治者在大街小巷张贴他的画像，要捉拿他。他只好离开家，过着逃亡的生活。在十分危险的环境里，他仍然带着书逃难，一有空就读书。到了晚年，生活稍为安定些，黄宗羲

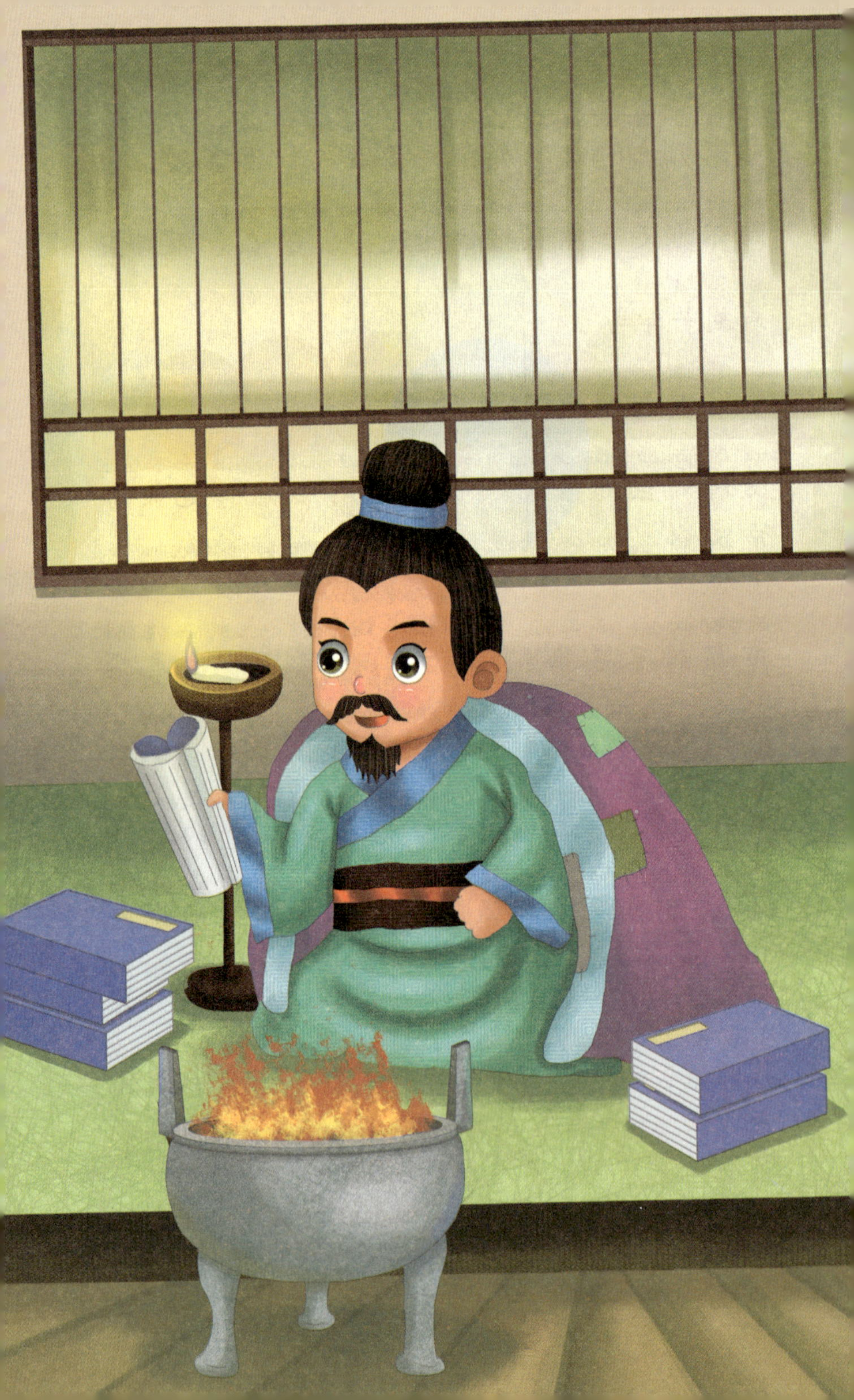

学习更加勤奋。这时他已经是六十多岁的老人了,身体弱了,经不住冬天的寒冷,他就把棉被包在身上,两只脚放在火炉上取暖,凑着烛光看书。夏天天气酷热,蚊虫乱叮,黄宗羲就点着灯,坐在蚊帐里看书。虽然热得满身是汗,他还是常常读到半夜。

八十岁以后,黄宗羲尽管已经老眼昏花,却仍然读书不辍。他的书很多,为了互相参考着读,书放置得很乱。但是只要问一下黄宗羲,他就可以很快地把要找的书找出来。

黄宗羲一生勤奋读书,学识非常广博,留下了许多名著。

lín

林

姓氏起源

商末,商纣王荒淫无道,嗜杀成性,杀死敢于进谏的大臣比干。比干的妻子当时正有身孕,为躲避官兵追杀,逃难于树林之中,并生下了坚。后来,周武王灭商建周,就将他们母子从树林中接了出来,并赐坚为"林"姓。

姓氏名人

林慎思：唐代政治家、思想家。

林逋：北宋著名隐逸诗人、书法家。

林则徐：清末著名爱国将领和民族英雄。

林纾偷米敬师

林纾是一位享有盛名的文学家,他小时候心地十分善良,经常帮助别人。

有一次,林纾的老师病了,好几天没有

到学堂上课,林纾就去老师家探望。看到老师消瘦的样子,林纾十分难受。他向米缸里看了一眼,里面竟然一粒米都没有。林纾心想:老师现在重病一人在家,连照料的人都没有,家中的米也吃完了,这样下去老师的病要到什么时候才会好啊?我得想办法给老师弄点儿米。

林纾拜别老师,回到家中,恰巧他的父母都没在家。林纾没来得及跟父母商量,就装了满满的一袋米,向老师家走去。

老师见林纾脸上兴奋的神情,又看看这袋米,心里非常感动。但仔细一想:这么短的时间,这孩子从哪里弄来这么多的米呢?老师觉得其中一定有问题。于是,老师就问:"这么好的米,你是从哪里得到的?"

林纾恭敬地回答说:"今天我父母都没在家,我自己悄悄给您拿来的。"老师听他这么一说,立刻变得严肃起来,生气地说:

"我以前不就告诉过你们,做事一定要诚实,你没有经过家人的同意就把米拿来,你的行为就跟小偷一样。你赶紧把这些米送回家里去。"

林纾看见老师生气的样子,既难过又伤心,只好先把米拿了回去,等告诉父母之后再给老师送过来。

刘 liú

姓氏起源

远古时期,尧的后代祁氏受封于刘国,祁氏的子孙便以"刘"为姓。此外,东周时期,周匡王姬班封其小儿子到刘邑建立刘国,号称刘康公,其后代遂以国为姓。刘姓是我国历史上登基为帝人数最多的一个姓氏。现在,刘姓为我国第四大姓。

姓氏名人

刘邦：即汉高祖,西汉开国皇帝。

刘备：三国时期蜀汉政权的建立者。

刘禹锡：唐代著名文学家、哲学家、诗人,著有《天论》等。

名人故事

刘裕大摆却月阵

刘裕是南北朝时期刘宋王朝的开国皇帝。他幼年生活十分艰苦,甚至沦落到靠卖草鞋为生。但刘裕少年时就胸怀大志,一心想做一番惊天动地的大事。后来,他从了军,因为在战场上表现出众,他被提拔为一名下级军官。等到晋安帝复位时,刘裕已成为左右东晋政权的大将了。这时,北方鲜卑族建立起了北魏,他们的势力逐渐强大了起来,不仅到达了黄河北岸,还在岸边集结了十万大军,威胁东晋。为提高自己的威望,刘裕决定发动北伐。

一开始,刘裕率领水军顺着黄河前进,有时风大浪急,晋军的船只被冲到岸上,并受到魏军的攻击。晋军上岸去攻打魏军,魏军就逃走,等到晋军回到船上,他们又开始在岸上骚扰晋军,弄得晋军无

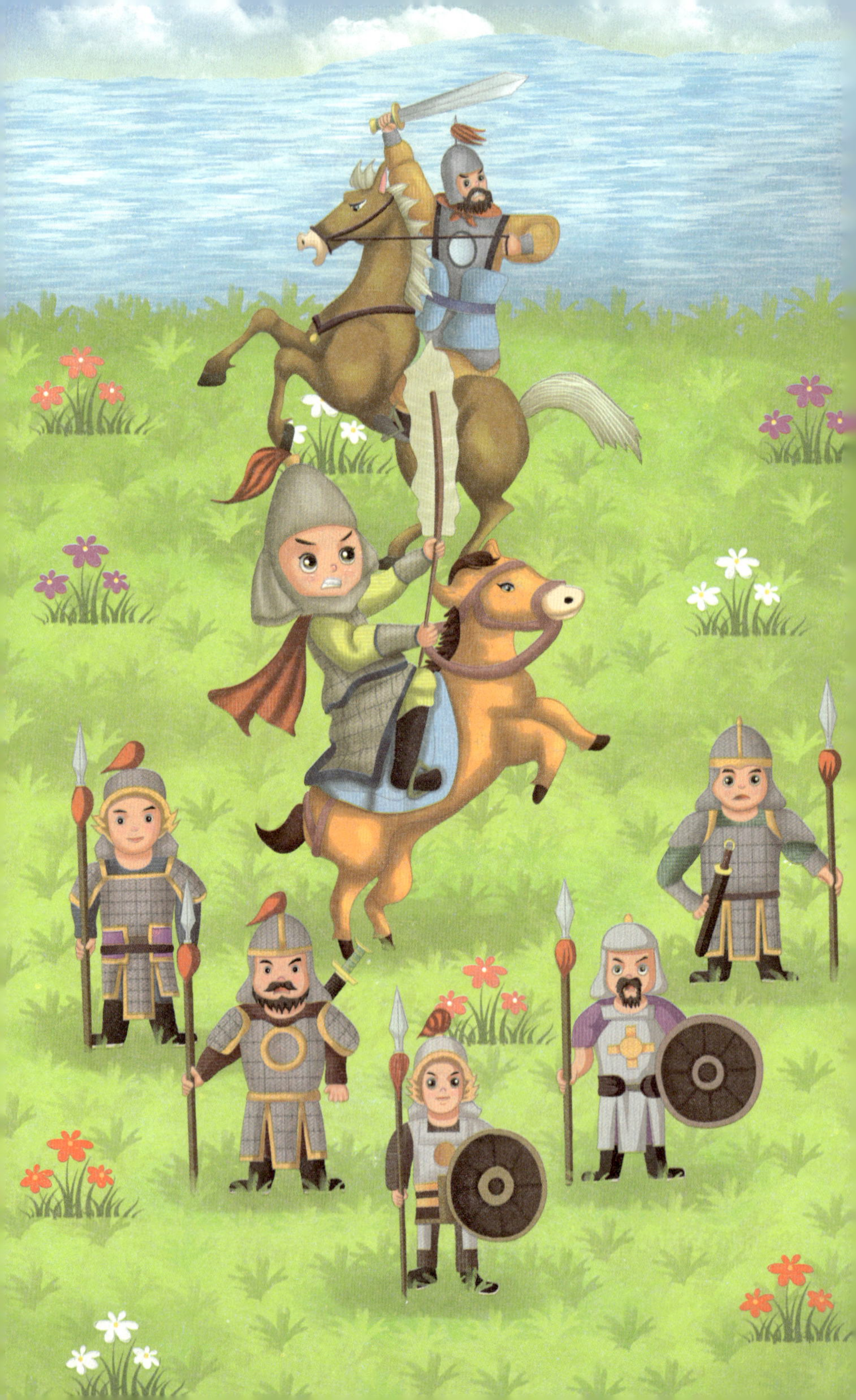

法顺利进军。

这一天,刘裕命令军队上岸,沿岸摆出一个半圆形的阵势,两翼紧紧靠着河岸,中间鼓出,当中的一辆兵车上竖着一根白羽毛。魏军远远地看着晋军布阵,不懂是什么意思。过了一会儿,只见晋军中间的兵车上有人突然举起白羽毛,两侧涌出两千兵士来,士兵们还带着一百张大弓。魏军见状,觉得没什么了不起,就派出三万骑兵发动进攻。谁知,晋军在后面还布置了一千多支长矛,这种长矛有三四尺长,十分锋利,被装在大弓上。晋军用大铁锤敲动大弓,那长矛就铺天盖地地向魏军扑来,吓得魏军抱头乱窜,最后晋军大获全胜。

诸葛 (zhū gě)

姓氏起源

相传,伯夷的后裔葛伯的封国灭亡后,葛氏有一支迁至阳都,因为阳都已有葛姓,所以后迁来的葛姓就改为诸葛姓。秦末陈胜吴广起义时,有大将葛婴屡立战功,却被陈胜听信谗言杀害。西汉文帝封葛婴的孙子为诸县侯,其后代就以"诸葛"为姓,称诸葛氏。

姓氏名人

诸葛亮：三国时期蜀汉著名的丞相、军事家、政治家，《出师表》为其名篇。

诸葛瞻：三国时期蜀汉大臣，诸葛亮之子。

诸葛高：宋代制笔专家，擅制"散卓笔"，得到很多名人赞颂。

名人故事

诸葛亮扶阿斗

刘备临终前，派人请来诸葛亮，召集

众大臣到齐,提笔写了遗嘱,交给诸葛亮,然后感叹地说:"我本想和你们一同消灭曹丕,可是不幸中途分手。请丞相把我的遗嘱交给太子刘禅,以后的一切事情,都听从丞相的指点。"诸葛亮听闻,立刻拜倒在地上说:"望陛下宽心,臣等一定全力效劳,辅佐太子。"

刘备叫左右的人扶起诸葛亮,一手掩着眼泪,一手握住诸葛亮的手说:"我的儿子刘禅没什么本事,如果觉得他尚还可以成有用之才就帮他一把,实在不行,就请丞相你取而代之吧!"诸葛亮听到这里,立即哭拜在地说:"我一定尽力辅佐太子,一直到自己死了为止。"

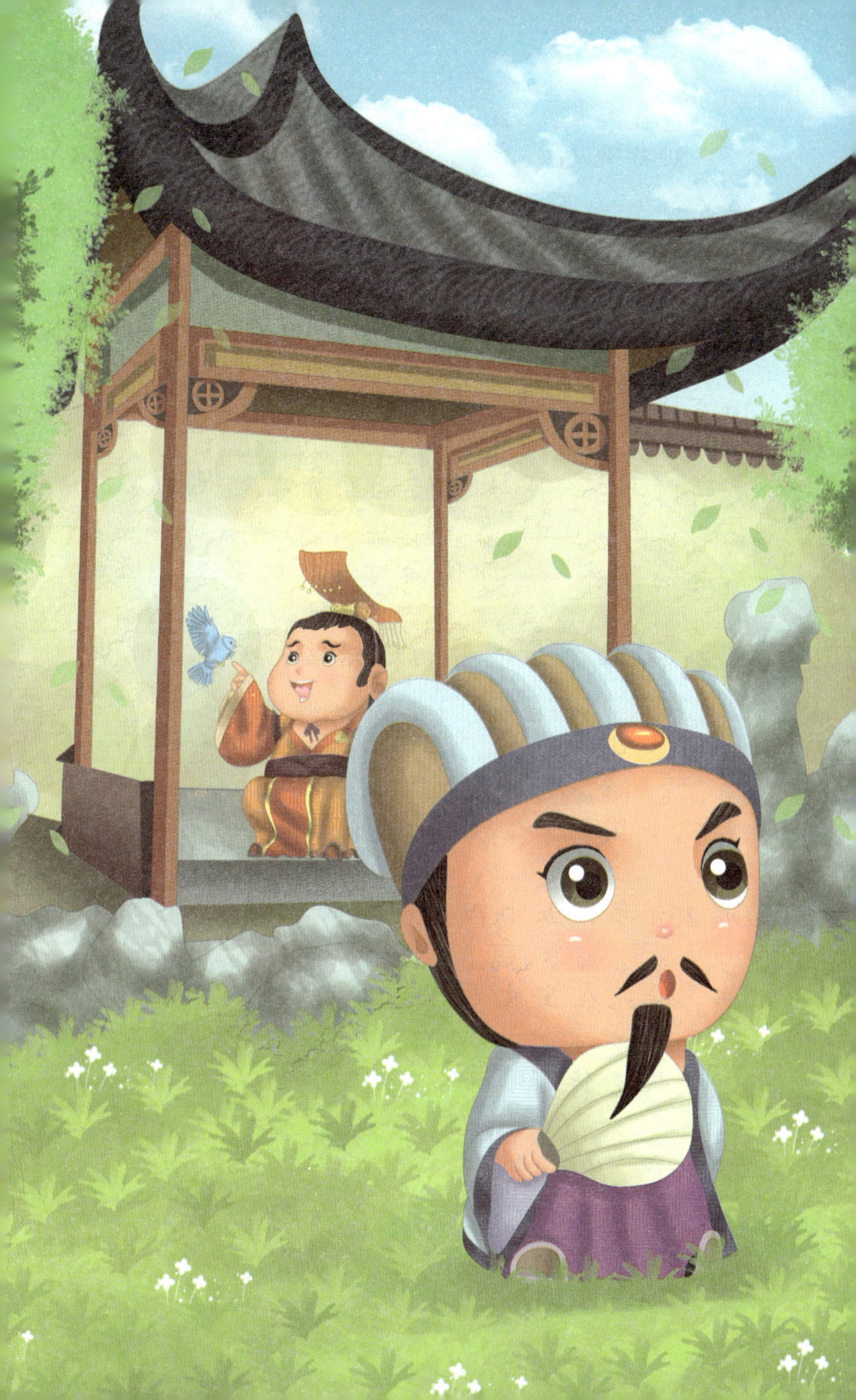

刘备死后，诸葛亮拥立刘禅为帝，尽心尽力地辅佐他治理国家。当时刘禅只有十七岁，他懦弱无能，整天只想着玩乐，把一切事情都交给诸葛亮处理。由于刘禅的小名又叫阿斗，于是大家暗地里都戏称他为"扶不起的阿斗"。即使面对这样的君主，诸葛亮始终遵守自己当初的诺言，毫无怨言地为国家日夜操劳。为了完成刘备的遗愿，实现全国统一，诸葛亮前后五次北伐。公元234年，五十四岁的诸葛亮终因积劳成疾，病死在五丈原，然而他一心为国的精神却代代流传了下来。